我的成长很快乐

李唯◎主编

中国大百科全书出版社　知识出版社

图书在版编目（CIP）数据

我的成长很快乐 / 李唯主编 . -- 北京：知识出版
社，2023.1

（小学生生命关怀书系）

ISBN 978-7-5215-0620-4

Ⅰ . ①我… Ⅱ . ①李… Ⅲ . ①心理健康 – 健康教育 –
小学 – 教学参考资料 Ⅳ . ① G444

中国版本图书馆 CIP 数据核字（2022）第 224751 号

我的成长很快乐　　　　李　唯 主编

出 版 人：姜钦云

责任编辑：朱金叶

责任印制：李宝丰

出版发行：知识出版社

地　　址：北京市西城区阜成门北大街 17 号

邮　　编：100037

网　　址：http://www.ecph.com.cn

电　　话：010-88390659

印　　刷：天津光之彩印刷有限公司

开　　本：650 毫米 ×920 毫米　1/16

字　　数：82 千字

印　　张：11.75

版　　次：2023 年 1 月第 1 版

印　　次：2023 年 3 月第 1 次印刷

书　　号：ISBN　978-7-5215-0620-4

定　　价：30.00 元

"小学生生命关怀书系" 序言

李唯校长和她的同事们秉承"生命关怀为本、幸福发展至上"理念所编著的"小学生生命关怀书系"即将出版，可喜可贺。李校长嘱托我写序，我对这套书系所涉猎的主题也十分感兴趣，特坦言两点体会，以作交流。

一、关怀的关键在于关怀关系的建立

主张教育要"生命关怀为本"是非常正确的；但是，广大教育工作者需要谨记在心的是：关怀的关键在于关怀关系的建立。

关怀并不是一种事先就存在的事物，关怀只会发生在关怀关系之中。美国著名教育哲学家内尔·诺丁斯所言"关怀是一种关系"，最大的理论贡献即在这里。若教师或者学生只是在单方面"想"关怀他人，或者只是单方面按照自己的想象去开展所谓"关怀"他人的活动，关怀十有八九不会真实发生。许多关怀失败的教师、家长都抱怨学生说，自己为孩子们"操碎了心"，孩子们却一丁点儿都不领情，所以孩子都是"白眼狼"。殊不知，问题不在学生，而在教育者自身的所谓关怀并没有建立在真正的"关怀关系"之上。一个不能设身处地站在对方（被关怀者）立场上想问题，不能真正理解、切实感动、有效帮助到对方，不能让对方"有获得感"的人，是不可能实施有效关怀的。

所以，重点不是要不要关怀，而是如何实现有效的关怀。关怀教育不是单方面的认知、情感的品德培育，关怀能力提升的关键在于培育关怀者实现"动机移置"，建立关怀关系的意识、情感与能力。

二、幸福生活是对肤浅快乐的超越

幸福生活是人生的终极追求，当然也是教育的根本目标。

"幸福发展至上"的理念是完全正确的。理解幸福的关键在于：幸福生活应当是对肤浅快乐的超越。

在日常生活里，许多人将幸福与快乐相等同。喝一瓶啤酒也"幸福死啦"，故儿童的幸福有可能就是满地撒欢那种令人感动的感性的"欢快"。如果这样理解幸福，幸福的教育就会让孩子在快感中沉沦，真正的教育永远都不会发生。

应该承认，完整的童年是需要"快乐"，包括游戏等的快乐的；但教育最需要提供的，不是肤浅的快乐，而是精神的愉悦。"幸福发展"一方面是身心健康、劳逸结合、自由个性意义上的"全面发展"；另一方面，也许更重要的应当是：孩子通过教育愉快学习，进而通过愉快学习获得精神上的享用——孩子们当下就能获得对已有人类文化的欣赏、掌握的愉悦，更有创造新文化、推进新文明的幸福。因此，教育活动追求内容与形式上的"美感"十分重要。因为在对教育内容与形式之美的欣赏中，孩子们获得的一定是精神意义上的幸福感。

由衷希望"小学生生命关怀书系"对"生命关怀为本、幸福发展至上"理念的用心坚持能够对有相同追求的教育界同人有借鉴意义。

檀传宝

2021 年 2 月 24 日　于京师园三乐居

（檀传宝，北京师范大学教育学部教授、学部学术委员会主席，北京师范大学公民与道德教育研究中心主任，全国德育学术委员会理事长）

悦　纳

悦纳是心生欢喜

悦纳是坦然接受

悦纳是不卑不亢

悦纳是淡定从容

面对艰难险阻，悦纳给予我们勇气

面对挫折逆境，悦纳给予我们力量

面对至暗时刻，悦纳给予我们希望

悦纳自我需要正确地认识自我

悦纳他人需要主动地理解他人

悦纳世间万物需要有一颗温柔又善良的心

悦纳是一种乐观积极的人生态度……

——李　唯

目 录

第一课
各美其美

世界上万事万物都有各自的美，红花有红花的明艳，绿叶也有绿叶的苍翠。地球上有 70 多亿人，却没有两个完全一样的人，每个人都有各自的特质。人们虽然在肤色、面貌、性别和性格方面会存在差异，但只要你带着欣赏的眼光，就会发现他们都有各自独特的美。

美不止一种

索菲亚·罗兰是意大利的一位著名女演员，而当她 16 岁第一次试镜时，却遇到不少麻烦。

导演因为对她的鼻子不满意拒绝了她，当时所有的导演，包括摄影师都说她还够不上美人的标准。

导演卡洛根据当时大众的审美习惯，建议她把鼻子缩短一点儿。一般情况下，演员都会对导演言听计从。可是，索菲亚·罗兰却没有听导演的，她认为自己的鼻子是天生的，这就是她自己的特色。她相信自己，对自己有信心。

在试了三四次镜头后，卡洛导演又叫索菲亚·罗兰上他的办公室。卡洛导演以试探性的口气说："我刚才同摄影师开了个会，他们说的结果全一样，噢，如果你要在电影界做一番事业，你也许该考虑对你的外形做一些变动。"

索菲亚·罗兰诚恳地对卡洛说："说实在的，我的脸确实与众不同，但是我为什么要长得跟别人一样呢？"

她继续补充说："我的大鼻子天生就是这样，这是上天赋予我的特色，我觉得挺美的，我愿意保持我的本来面目。"

看着索菲亚·罗兰坚定的态度，大导演卡洛被说服了。

电影最后拍成了，索菲亚·罗兰凭借着她精彩的表演一下子红火起来，逐步走上了成功之路，她主演的《两妇人》《卡桑得拉大桥》在中国有着广大的观众。她本人也于1962年斩获奥斯卡影后，成为史上第一位外籍女演员凭一部外语片获得奥斯卡影后，创造了历史。

到了2000年，索菲亚·罗兰被评选为千年美人，她的大鼻子也成为她标志性的特色，同时还被誉为意大利永远的女神。

其实，美的定义不止一种，松柏高大、小草碧绿、红花娇艳，大自然用各种色彩告诉我们，大家虽然生来不同，却也能活出各自的美。世界上万事万物都有各自的美，只要我们学会欣赏自己，悦纳自己，我们每个人都可以拥有属于自己独一无二的美。

◎ 圆桌派

1. 为什么索菲亚·罗兰 14 岁第一次试镜时所有的摄影师都说她够不上美人的标准，但是 2000 年时她却被评为了千年美人？

_____

_____

_____

2. 读了这个故事之后，你认为什么才是真正的美？请说说你的理解。

_____

_____

_____

◎ 活动坊

活动1：认识你自己

1. 认识自我是悦纳自我的第一步。请大家根据对自己的了解，在表格中填写描述自己的词语或句子。描述包括以下三个方面：外貌、性格以及特长。

我眼中的我

（1）外貌

（2）性格

（3）特长

活动2：赞美墙

请大家按照步骤进行：

（1）请全班同学起立，站成两列。

（2）两边两位同学一起，走过"两列墙"，两边的每位同学都要对他们说一下赞美的话。

（3）走过赞美墙后，两位同学自觉站在排尾，对其他同学进行赞美。

走过了赞美墙，大家有了什么收获呢？是不是觉得原来自己还有那么多的优点却从未发现？

其实我们在生活中应该从多个方面看待自己，每个人都是有着许多优秀的地方的，需要我们慢慢去深入了解自己、发现自己独特的美。

🌀 拓展营

每个人都有自己独特的美，我们不仅要学会认识到自己的优点，更需要去尊重每一个与我们不一样的人，尊重每一个独立的个体。请你们讨论一下以下同学的做法是否正确，为什么。

1. 小张他的耳朵旁有一个"副耳"，是一个圆鼓鼓的小肉球，班上的男同学看到了就给他起外号，并且有事无事地去捉弄他玩。

2. 小邹因为生病使用了激素，身体逐渐变胖，他对此感到很自卑，怕朋友们不愿意和他玩了。好朋友小熊知道了，鼓励他说，你是一个善良、优秀的人，真正的好朋友是不会因为你的身材不跟你玩的。

神奇的发卡

有一个女孩子，总觉得不讨别人喜欢，因此有一点自卑。一天，她偶尔在商店里看到一支漂亮的发卡，当她戴起它的时候，店里的顾客都说漂亮，于是她非常高兴地买下发卡，并戴着它去学校。接着奇妙的事发生了，许多平日不太跟她打招呼的同学，纷纷来跟她接近，一些同学还约她一起去玩，原本死板的她，似乎一下子变得开朗、活泼了许多。但放学回家后，她才发现自己头上根本没有带什么神气的发卡，原来她付钱后把发卡留在了商店里。

同学们，想一想：是什么使别人改变了对她的态度？那个发卡真有那么神奇的力量吗？

第 二 课
快 乐 每 一 天

每个人都希望自己的生活充满着开心和快乐，但是我们总会遇到一些困难和挫折。有些人碰到困难会用积极的态度去解决自己面对的困难，而有的人面对困难却只会觉得很沮丧。同学们，如果你遇到困难和挫折，你会怎么做呢？

正面面对

从前，有一位老奶奶，她有两个儿子，大儿子家里是卖雨伞，而小儿子则开了家洗染店。老太太爱特别关心自己的儿子，希望他们的生意都很好，家庭过得和和美美的。

虽然两个儿子的店铺经营的都不错，可是老太太总是愁眉苦脸的。好心的邻居想知道为什么老太太总是不开心，于是就细心观察了她。

天一下雨，老奶奶就发愁地说："哎！我小儿子洗的衣服到哪里去晒呀！要是干不了，顾客就该找他的麻烦了，生意会变得很差的。"一边说一边抬头看天什么时候会变晴朗。

好不容易，天晴了，太阳出来了，这下老奶奶该变得开心了吧？可老奶奶还是发愁："哎！看这大晴天，哪还有人来买我大儿子的雨伞呀！大儿子家里就没有生意了呀！"就这样，老奶奶一天到晚，愁眉不展，吃不下饭，睡不着觉。一边担心大儿子的伞因为天晴卖不出去，一方面又担心自己的小儿子因为下雨晒不了衣服而无法做生意。

邻居见她因为担心一天天衰老憔悴下去，便对她说："老奶奶，您好福气呀！一到下雨天，您大儿子的雨伞就卖得特别好，天一晴，您小儿子的店里就顾客盈门，真让人羡慕呀！"

老奶奶一想，对呀！我原来怎么就没想到呢！

从此以后，老奶奶不再发愁了，她吃得香、睡得甜，整天乐呵呵的，大家都说她好像变了一个人。一到晴天她就开心，因为小儿子家的洗衣店衣服晾干的特别快，生意会很好。一到雨天大儿子的雨伞店就会雨伞畅销，生意兴隆，不同的天气儿子们都能做好自己的生意，实在是太棒了！

很多时候很多事情，最重要的是自己能够想清楚，也只有自己才能知道自己是不是真的调节好情绪，是不是真的快乐。可以找一些适合自己发泄消极情绪的正确途径，让自己重新变得快乐起来。

◎ 圆桌派

1.请你想一想，故事中的老奶奶是如何让自己从不开心变得开心起来的？

_____

_____

2.你也遇到过让自己特别不开心的事情吗？你是怎么克服的呢？

_____

_____

3.你觉得什么方法能让你尽快从不开心的情绪中走出来呢？

_____

_____

◎ 活动坊

活动1：想一想

观看电影《头脑特工队》并小组讨论以下问题。

1. 看完这部电影，你觉得谁才是情绪的主人？为什么？

2. 请你说一说怎么成为自己情绪的主人呢？

活动2：做一做

要求：字迹清晰，自主设计。

请你自主设计一张手抄报，与同学分享让自己开心的方法。

◎ 拓展营

拓展：养成积极乐观的心态

1. 早上：10分钟启动练习

每天早饭之前，花10分钟进行启动练习，把自己调整到最佳的自我状态，为整个这一天奠定一个好的情绪基调。

具体步骤：

（1）坐下来

找一张相对安静的地方，坐好。双脚放在地板上，肩膀向后，胸口向上，颈部伸直，头抬高。

（2）呼吸

将一只手放在胸前，感受心脏跳动的力量。进行3组呼吸练习，每组10-15次，每组之间暂停1次。（建议时长：2分钟）

（3）感恩练习

想想值得感激的3件事，它们可以来自你的过去，也可以来自你的现在或未来。任何小事都可以，比如过去鼓励和帮助过你的老师，家人对你无微不至的关爱，美好的天气等等。（建议时长：2分钟）

（4）自我疗愈

你可以想象彩色的光照在你身上，填满了你的整个身体，治愈了你身上所有需要治愈的地方，把你的伤痛和恐惧都带走，然后尽情感受你身体和心灵被光填满时的温暖和舒适感。（建议时长：2分钟）

（5）分享关爱

将你刚刚通过治愈获得的能量分享给其他人，让这种能量溢出你的身体，想象它涌向你的家人、朋友、同学甚至是你只见过一次的陌生人。（建议时长：1分半）

（6）自我激励

想想你最重要的3个目标，它可以是长期的奋斗目标，比如成为一个什么样的人，拥有什么样的能力和才华；或者是中短期目标，比如最近几天需要完成什么任务。想象这些目标现在都已经实现了，体会一下那种实现之后的兴奋和喜悦感，然后想一想，为了实现这个目标，你今天需要做出怎样的努力？鼓励一下自己，告诉自己："不管遇到怎样的困难，都会积极面对。"（建议时长：2分半）

（7）迎接新的一天

花点时间舒展一下筋骨，回想一下刚刚做的所有积极练习，将自己调整到最佳的自我状态了，迎接新的一天。

2. 白天：给自己积极心理暗示

在行动的过程中，如果遇到情绪上的阻碍，一定要留意此时内心的消极想法，然后及时给自己积极的心理暗示。

3. 晚上：坚持写日记

每天晚上固定一个时间，花15分钟写日记，对一天做个简单的回顾和总结。如果有遇到不开心的事情，那就把发生的事和感受写出来，然后再对这件事情进行认知重新评估，如果没有不开心的事情，可以记录值得感恩的小事。

爱地巴跑圈

在古老的西藏，有一名叫爱地巴的人，如果生气和人起争执的时候，他从不与人争吵，只是每次他就以很快的速度跑回家去，绕着自己的房子和土地跑3圈，然后坐在田边喘气。什么也不说，然后回到家中做自己该做的事情。

爱地巴工作非常努力，于是他的房子越来越大，土地也越来越广，但不管房地有多大，只要与人争论生气，他还是会绕着房子和土地绕3圈，爱地巴为何每次生气都绕着房子和土地跑3圈？所有认识他的人心里都起了疑惑，但是不管怎么问，爱地巴都不愿意说明。

直到有一天，爱地巴已经很老了，他的房地已经很大很大，但是他一旦生气，还是会拄着拐杖艰难地绕着土地跟房子，等他好不容易走完3圈，太阳都下山了，爱地巴独自坐在田边喘气。这时候他的孙子在身边恳求他："阿公，您的年纪已经很大了，这附近地区的人也没有土地比您更大的，您已经是很成功的人了。如果您生气，您不能再像从前，一生气就绕着土地跑啊，这样您的身体会受不了的。其实我一直很好奇，为什么您一生气就要绕着土地跑上 3 圈呢？您可以告诉我为什么吗？"

爱地巴禁不起孙子的恳求，终于说出隐藏在心中多年的秘密，他说："年轻时，我若和人吵架、争论、生气，就绕着房地跑三圈，边跑边想，我的房子这么小，土地这么小，我哪有时间，哪有资格去跟人家生气，我应该更加努力的工作，把自己的房子盖得越来越大，开垦的土地应该越来越多。一想到这里，气就消了，于是把所有时间用来努力工作。"孙子又问道："阿公，你年纪老，又变成最富有的人，为什么还要绕着房子跑？"爱地巴笑着说："我现在还是会生气，生气时绕着房地走 3 圈，边走边想，我的房子这么大，土地这么多，我又何必跟人计较？一想到这里，气就消了。"

当我们遇到了困难或者挫折时，我们更应该学会调节自己的情绪，找到合适的方法，让自己重新变得快乐起来。爱地巴通过绕着自己的土地跑步来抒发心中的愤怒，我们也可以通过跑步，跳绳，打篮球等方式，将负面情绪抒发出去，保持好自己的心情，做一名快乐的小学生。

第三课
失败是成功之母

挫折无处不在，人的一生会遇到各种各样的挫折。面对挫折时，有的人退缩不前，从此一蹶不振；有的人迎难而上，获得最后的成功。同学们，当遇到挫折时，你会怎么做呢？

1850 次拒绝

20 世纪 70 年代，在美国的街头，有一个叫史泰龙的年轻人，穷困潦倒，身上全部的钱加起来也不够买一件像样的西服。但他仍全心全意地坚持着自己心中的梦想——他想做演员，当电影明星。

好莱坞是世界闻名的电影中心，云集了大批世界各地顶级的导演、编剧、明星、特技人员，是电影人的天堂。当时好莱坞共有 500 家电影公司，他根据自己仔细划定的路线与排列好的名单顺序，带着自己写的剧本《洛奇》——前去拜访，想找一家电影公司投资拍这部片子。但第一遍拜访下来，500家电影公司没有一家愿意聘用他。

面对百分之百的拒绝，他没有灰心，从最后一家电影公司出来之后不久，他就又从第一家公司开始了他的第二轮拜访与自我推荐。

第二轮拜访中，500家公司依然拒绝了他。

于是他开始第三轮拜访，但第三轮拜访，他同样被500家公司全都拒绝了。

但这位年轻人没有放弃，不久后又咬牙开始了他的第四轮拜访。当拜访至第350家电影公司时，这里的老板竟破天荒地答应让他留下剧本先看一看。他欣喜若狂。

几天后，他获得通知，请他前去详细商谈。就在这次商谈中，这家公司决定投资开拍这部电影，并请他担任自己所写剧本中的男主角。

　　不久这部电影问世了，史泰龙凭借电影《洛奇》名声大噪，获得第 49 届奥斯卡和第 34 届美国金球奖最佳男主角和最佳编剧奖提名，成为好莱坞，乃至人类电影史上都赫赫有名的演员。史泰龙在挫折中不断成长，在遭遇了 1850 次拒绝之后，终于推开了成功之门，实现了自己的梦想，用实际行动成就了自我。

　　不经历风雨，怎能见彩虹。拿破仑说过："人生之光荣不在于永不失败，而在于屡扑屡起。只要站起来比倒下去多一次，就是成功。"当挫折向你微笑，此刻你就会明白：挫折孕育着成功。

◎ 圆桌派

1. 史泰龙是如何在挫折中获得成功的？

_____

_____

_____

2. 当面对挫折时，你是怎么做的？结合自己的经历谈一谈。

_____

_____

_____

◎ 活动坊

活动1：演一演

假如你是穷困潦倒的史泰龙，如何说服电影公司投资拍摄你的剧本，和你的同桌演一演吧！

活动2：议一议

面对挫折，有哪些小妙招？请你结合史泰龙的故事，给同学们介绍一个应对挫折的方法吧。

☆坚持不懈

☆冷静对待

☆自我疏导

☆请求帮助

☆激励自己

……

◎ 拓展营

拓展：出谋划策

知心姐姐的信箱中收到了这样一封信，请你帮这位同学出出主意，鼓励他战胜挫折：

知心姐姐，您好！

我是一名三年级的小学生。因为课堂纪律不够好，老是被老师批评，回到家妈妈也常常批评我。我感到非常难过，觉得老师、同学都瞧不起我，妈妈也不爱我。知心姐姐帮帮我，我该怎么办？

"保险业怪才"史东

卡耐基克里蒙·史东是美国"联合保险公司"的董事长，美国最大的商业巨子之一。被称为"保险业怪才"。

史东幼年丧父，靠母亲替人缝衣服维持生活，为补贴家用，他很小就出去贩卖报纸了。有一次他走进一家饭馆叫卖报纸，被赶了出来。他乘餐馆老板不备，又溜了进去卖报。气恼的餐馆老板一脚把他踢了出去，可是史东只是揉了揉屁股，手里拿着更多的报纸，又 次溜进餐馆。那些客人见到他这种勇气，终于劝主人不要再撵他，并纷纷买他的报纸看。史东的屁股被踢痛了，但他的口袋里却装满了钱。

勇敢地面对困难，不达目的绝不罢休——史东就是这样的孩子，后来也仍是那种人。

史东还在上中学的时候，就开始试着去推销保险了。他来到一栋大楼前，当年贩卖报纸时的情况又出现在他眼前，他一边发抖，一边安慰自己"如果你做了，没有损失，而可能有大的收获，那就下手去做。"还有"马上就做！"

他走进大楼，如果他被踢出来，他准备像当年卖报纸被踢出餐馆一样，再试着进去。他没有被踢出来。每一间办公室，他都去了。他的脑海里一直想着："马上就做！"每一次走出一间办公室，而没有收获的话，他就担心到下一个办公室会碰到钉子。不过，他毫不迟疑地强迫自己走进下一个办公室。他找到一项秘诀，就是立刻冲进下一个办公室，就没有时间感到害怕而放弃。

那天，有两个人跟他买了保险。就推销数量来说，他是失败的，但在了解他自己和推销术方面，他有了极大的收获。

第二天，他卖出了四份保险。第三天，六份。他的事业开始了。

二十岁的时候，史东自己设立了只有他一个人的保险经纪社，开业的第一天，他就在繁华的大街上销出了五十四份保险。有一天，他有个令人几乎不敢相信的纪录，一百二十二件。以一天八小时计算，每四分钟就成交一件。

1938 年底，克里蒙·史东成了一名拥资过百万的富翁。

他说成功的秘诀是由于一项叫做"肯定人生观"的东西。他还说：如果你以坚定的、乐观的态度面对艰苦，你反而能从其中找到好处。

事业取得成功的过程，实质就是不断战胜失败的过程。因为任何一项大小事业要取得相当的成就，都会遇到困难，难免要犯错误，遭受挫折和失败。在迈向成功的道路上，能不能经受错误和失败的严峻考验，这是一个非常关键的问题。

综合活动（一）

正如没有两片一模一样的叶子，世界上的每个人也都是独一无二的。我们每个人都有各自的优点和值得大家欣赏的地方，最重要的是要学会欣赏自己，悦纳自我。

活动一：我为自己画个像

你足够了解你自己吗？

请你通过对自己的了解，用简洁的词语或句子来描述一下自己（完成下表），为自己画个像。

（1）我的外表（长相、身高等）：＿＿＿＿＿＿＿＿＿＿

（2）我的性格：＿＿＿＿＿＿＿＿＿＿＿＿＿＿＿＿＿

（3）我的兴趣、爱好：＿＿＿＿＿＿＿＿＿＿＿＿＿＿

（4）我的特长：＿＿＿＿＿＿＿＿＿＿＿＿＿＿＿＿＿

（5）其他：＿＿＿＿＿＿＿＿＿＿＿＿＿＿＿＿＿＿＿

活动二：闪光的自己

同学们，很多时候我们并不能清楚地认识自己。你了解的自己和大家认识到的你一样吗？你是否有许多优点自己都没有注意到的呢？下面以小组为单位，一起来点亮属于自己的闪光卡吧。

```
———— 闪光卡

★ : ————————      ★ : ————————

★ : ————————      ★ : ————————

★ : ————————      ★ : ————————

★ : ————————      ★ : ————————
```

请你在标题填完自己的姓名后，将卡片交给下一位同学，依次填写，直到卡片回到自己手里。

说一说，看到同学们写的你的优点你有什么感受呢？

活动三：大声说出我自己

梦游戏规则：

1. 击鼓传花，主持人负责喊"开始"和"停"；

2. 抽中者上讲台面对全班同学，用"我很棒，因为我……"这样的句型大声说出自己的优点。

3. 在这位同学讲完后，其他同学可举手发言，进一步补充这位同学的优点。补充时，需要用"你很棒，因为你……"这样的句型，也可以进一步举例说明。

4. 最后，抽中者需跟大家说"谢谢大家，我会更加努力的，我会越来越优秀"。

活动四：议一议

材料一：小晨因为身材肥胖，经常受到同学们的嘲笑，他觉得很自卑很难过，他觉得只要变瘦了同学们就不会嘲笑他了。于是偷偷拿妈妈的手机在网上购买减肥药，结果导致药物中毒住进了医院。

材料二：小雨最近很苦恼，回家跟爸爸妈妈抱怨。她想报舞蹈社团，因为身高不够没有被选上；想报合唱团，因为声音条件不够也没有被录取。她好羡慕那些长得又高声音又好听的同学。爸爸妈妈听了之后说："可是你有一双最灵巧的手，可以画出世界上最生动的图画。"小雨才恍然大悟，不再羡慕那些同学了。

请小组合作探讨：

1. 你对小晨和小雨的行为有什么看法？

2. 如果你是小晨的同学你会怎么做？

3. 你想对小雨说什么？

第四课
朋 友

人生是一段旅程，朋友是我们人生旅程中不可缺少的同路人。在人生的不同阶段，我们会交到不同的朋友。有的朋友会和我们一路同行，有的朋友会去往不同的学校，不同的城市，无法和我们时时刻刻待在一起。但是，即使我们在不同的学校，生活在不同的城市，但是只要我们有着相同的追求和契合的精神，友谊就永远不会消失。

一生的朋友

马克思是一个思想家，恩格斯是一个商人，他们俩是对好朋友。在他们的一生中，即使常年生活在不同的城市，有着不同的工作，但是因为他们有着共同的追求，他们一直相互帮助，相互支持，友谊非常坚固。直到现在，还是有很多人称赞他们的友谊。

1844 年，26 岁的马克思和 24 岁的恩格斯在一次见面时，发现他们都有着相同的愿望，那就是改变当时工人的悲惨命运。之后的一生中，他们两个人共同研究学问，共同领导国际工人运动，共同办报，编杂志，共同起草文件，其中包括著名的《共产党宣言》。他们的一生成就斐然，他们的友谊也同样让人感动。

在当时，马克思受反动政府的迫害，长期流亡在外，生活很穷苦。但是他丝毫不在意，还是认真工作。恩格斯知道了马克思的困难，很担心他，于是他省吃俭用，把节省下来的钱不断地寄给马克思。

有一次，住在伦敦的马克思一家到了一贫如洗的地步。马克思打算让大女儿和二女儿辍学去工作，自己和妻子还有小女儿搬到贫民窟去住。当时还在曼彻斯特的恩格斯得知这个消息后，连忙打电报劝说马克思别这么做，又迅速筹集又一笔钱，汇给了马克思，使马克思一家暂时渡过了难关。马克思在给恩格斯的信中写道："亲爱的恩格斯，你寄来的100英镑我收到了。我简直没法表达我们全家人对你的感激之情。"

当然，当碰到恩格斯需要帮助的时候，马克思同样竭尽全力，毫不犹豫。1848年11月，恩格斯逃亡到瑞士，因为走时匆忙，身边没带多少钱。马克思知道了，连忙从病床上挣扎起来，到银行将自己仅有的钱取出，全部寄给了恩格斯。

马克思和恩格斯不仅在生活上互相关心，互相帮助，更重要的是他们在改变工人命运这件事上亲密合作。有一段时间，他们一起住在伦敦，每天下午恩格斯总要到马克思家里去。他们讨论各种问题，一连谈上好几个小时，各抒己见，滔滔不绝，有时候还进行激烈的争论。后来当恩格斯回到曼彻斯特的时候，他们经常通信，彼此交换自己的想法和工作上的成果。

他们时时刻刻设法帮助对方，为对方在事业上的成就感到骄傲。马克思答应给一家英文报纸写通讯稿时，还没有精通英文，恩格斯就帮他翻译。恩格斯从事著述的时候，马克思也往往放下自己的工作，帮助他编写其中的某些部分。

在他们四十年的友谊中，马克思和恩格斯常年分隔两地。即使如此，他们依旧牵挂着彼此，他们的1000多封信件中饱含着对彼此的关心和思念。

1883年，马克思逝世。这使恩格斯悲痛万分。朋友们劝恩格斯去旅行，散散心。但他想到马克思生前用毕生精力写作的《资本论》还没完成，就谢绝了朋友们的劝说，并放下自己的研究工作，着手整理和出版《资本论》的最后两卷。他日以继夜地抄写、整理、补充、编排，几次累得生病。花了整整11年时间，才完成了这部伟大的著作。恩格斯说："这是我喜欢的劳动，因为这时我又和我的老朋友在一起了。"

马克思和恩格斯在二十多岁的时候才相互认识，他们从事着不一样的工作，生活在不同的地方，但是他们一直都有着共同目标，并且为了这个目标一起奋斗，在这个过程中，他们建立了伟大的友谊。

⊚ 圆桌派

1. 为什么马克思和恩格斯能成为一生的朋友？

_____

_____

2. 你觉得马克思去世后，马克思和恩格斯的友谊是就此结束还是延续下去了呢？为什么？

_____

_____

3. 在生活中，你和朋友是否也是相互帮助呢？你帮助对方和对方帮助你时，你的内心感受分别是怎么样的呢？

_____

_____

◎ 活动坊

活动1：想一想

　　小时候，我们常常会和小伙伴说"要做一辈子的好朋友"，但是随着年龄长大，我们发现我们和一些朋友慢慢就没有了联系，你们有没有过这样的经历呢，有是因为什么原因导致的，你的感受是什么样子的。请您想一想，并和同桌说一说。

活动2：说一说

　　马克思和恩格斯的友谊是伟大又难得的，即使是距离和死亡也没能割断他们之间的友谊。你觉得什么是维持友谊最重要的因素，并说一说为什么。

◎ 拓展营

下面有两个情景，两位同学遇到了一些关于友情的烦恼，请您帮帮他们。

红红和林林是一对好朋友。他们是邻居还上了同一个学校，从幼儿园到小学都形影不离。

情景一：红红很喜欢跳舞，林林很擅长画画。五年级的这个暑假，红红报了一个跳舞的夏令营，要去培训两个月，林林很舍不得和红红分开，也想去报这个夏令营，但是林林对跳舞却一窍不通，林林就苦恼，你可以给他一些意见吗？

情景二：六年级的时候，林林因为爸爸换工作搬去了另外一个城市。一开始红红和林林还会常常打电话，但是随着他们的年级越来越高，大家都变忙碌了，联系就变少了。但是红红常常很想念林林，她觉得马上要失去这个朋友了，很伤心，你可以安慰一下她吗？

小视野

敢于直言的真朋友

在我大概还只有八九岁的时候，在我们家客厅发生过一件事，让我对于友谊有了新的认识。

那天，我看到父亲皱着眉头，默默送走了李叔叔，然后关上门叹气。那个高高大大的男子是父亲的下属，也是父亲的好朋友。我们家平时也与他们家一起出去聚餐，父亲和母亲闲聊的时候，也会常常提到他。

那天，他是来和父亲说第二天提职的事，希望父亲到时候可以投他一票。父亲没有吭声，只是沉默地看着他，笑了笑。

李叔叔说了很多，比如彼此关系，以前的友谊，为单位做出的贡献，付出的辛劳，受过的伤，可父亲沉默了很久。老实说，我当时还觉得很奇怪，明明父亲和那个叔叔的私交很不错，但是为什么还是没有第一时间对李叔叔作出许诺。

听李叔叔说完以后，父亲才开口说："老李啊，这次的升值想表彰的是有创新精神的新员工，虽然你在单位也比较长时间了，而且也作出了比较大的贡献，但是这次想表彰的人可能与你的情况还是有些不符合。"

这句话像是在沉默的空气中撒了一把盐，而父亲的沉默仿佛让气氛跌到了最低点。不过，沉默没有持续很久，客厅里就传来了李叔叔响亮的笑声。李叔叔离开的时候，他笑着对父亲着说："我明白了。你告诉我这些，我很高兴。不然我没有得到这次机会，我还会担心是自己的工作做得不到位呢。"

那一次父亲还是没有把票投给了李叔叔，但是，那个高高大大的男人，还是如往常一样经常在我们家出现。

那天过后，我问过父亲，为什么你们关系这么好，你还是不愿意把票投给他。

父亲说："在工作上，我们还是要公事公办。只要我们把没有投票的具体原因对朋友坦诚直言就可以，因为真正的好朋友，是不会因此介怀的。"

第五课
支教点亮青春

由于我国城乡经济社会发展不平衡，导致乡村教师短缺，乡村教育资源缺乏，为了实现教育公平，湖北省从2004年开始实施"农村教师资助行动计划"，一批"资教生"应运而生。与此同时，越来越多的大学毕业生也志愿支教乡村，使得乡村的孩子也有机会享受到高品质的教育。袁辉，就是支教教师队伍中杰出的一员。八年的支教生涯点亮了袁辉的青春，也点亮了山里孩子的求学梦。

袁辉

　　袁辉——一个来自江苏徐州的小伙子，2012年从南京大学历史系毕业后，放弃了在城里工作的机会，怀揣着实现教育理想的憧憬与热情，到山区支教。

　　毕业时，袁辉想起很早以前在电视中了解到的全国深度贫困县——湖北省巴东县，记起谭定才老师拄着双拐坚守教育岗位的感人事迹，于是他一路摸索着，来到了湖北巴东姜家湾教学点。谭老师对这位名校毕业生的到来感到诧异，同时也带着几分对袁辉能否在艰苦条件下坚持下去的怀疑，劝他另寻一份好工作。但是，袁辉坚决地说："我选择支教是因为我愿意从事这一份令自己舒心且有意义的工作。"于是，袁辉就在姜家湾小学落了脚，一干就是两年。

两年的志愿服务期结束，袁辉却没有离开巴东，而是选择继续留在当地的另一所小学——白沙坪小学支教，这一待，就是六年。他说："工作可以以后再找，钱可以以后再赚，这里需要我，我还得先留下，尽自己的能力多为孩子们办一些实事。"

尽管在之前袁辉已经做好了充分的准备，但还是有各种预料不到的困难。习惯了城市生活，山里的支教生活很清苦——他的住处没有自来水，入口的水得自己去对面山头的农户家提；遇到干旱的天气，吃、喝、洗衣服都要靠接雨水来维持，但雨水放久了表面上会有黑色游虫……尽管在山区生活艰苦，但不管遇到什么困难，袁辉从未有过丝毫退缩，反倒以苦为乐。他了解到当地很多都是留守儿童，于是他常常在周末或者放学后，独自穿过一条条乡间小道，到学生家走访，了解孩子们生活的一点一滴，他自豪地说，巴东的12个乡镇基本上遍布了他的足迹，这些都成为他支教生活中"独一份"的体验。

除了每天在校内上6节课之外，他还教起了"一个人的课堂"。袁辉每周会抽出两三天的时间为一名特殊的学生单独上课。青青一年级入学没多久，就被查出了成骨不全症，骨头易碎，从此只能窝在家里的轮椅上，再没有踏入过学校。袁辉不忍看着青青就此辍学，攒钱买了一辆二手摩托车，利用课余时间主动到青青家上门无偿送教。山路崎岖不平，从学校到青青家往返20多公里，几年来袁辉骑坏了两辆摩托车，如果下雨下雪开不了车，他就步行一个半小时的山路去给青青上课，还曾经在路上摔得全身是泥。但他依旧坚持，六年间风雨不改，从未间断。贵在坚持，难在坚持，袁辉用一个在蜿蜒坑洼的山路上不断往返的身影，书写了一名支教老师的大爱与执着，也守护了青青求学成长的梦。

从 2012 年到 2020 年，8 年过去了，袁辉曾有许多机会离开山村，但他都放弃了。他想得很透彻："每个人有自己的活法，这里需要我，我也有自己的收获，我要继续待下去。"袁辉仍然在教师岗位上乐此不疲，他内心的那份质朴和纯粹依旧没变，支教理想仍在。"选择坚守山区并不是一时心血来潮"，袁辉对孩子的热爱和对教育的信仰感动着无数人。

1. 大学毕业后袁辉老师为什么选择去乡村支教呢?

_____

_____

_____

2. 袁辉老师在乡村的生活是怎样的?你觉得他快乐吗?

_____

_____

_____

3. 为什么袁辉说:"这里需要我,我也有自己的收获"?他收获到了什么?

_____

_____

_____

🌀 活动坊

活动1：说一说

了解了袁辉老师的支教事迹，在他的感召下我们红树林外国语小学从 2018 年起也开始了帮助白沙坪小学的孩子的献爱心活动。你觉得山区的孩子在日常生活中还会遇到哪些困难，我们可以怎样来帮助他们呢?

活动2：写一写

请你给白沙坪小学的同学写一封信，表达你对他们的关心。

读一读下面的小故事，想一想，这个故事告诉了你什么道理？并思考在日常生活中怎样关心他人和社会。

墙上的咖啡

一日，我和朋友在洛杉矶附近威尼斯海滩一家有名的咖啡厅闲坐，品着咖啡，这时进来一个人，在我旁边那张桌子坐下。

他叫来服务生说："两杯咖啡，一杯贴墙上。"他点咖啡的方式令人感到新奇，我们注意到只有一杯咖啡被端了上来，但他却付了两杯的钱。他刚走，服务生就把一张纸贴在墙上，上面写着"一杯咖啡"。

这时，又进来两个人，点了三杯咖啡，两杯放在桌子上，一杯贴墙上。他们喝了两杯，付了三杯的钱，然后离开了。服务生又像刚才那样在墙上贴了张纸，上面写着"一杯咖啡"。

似乎这种方式是这里的常规，却令我们感到新奇和不解。

几天后，我们又有机会去这家咖啡店，当我们正在享受咖啡时，进来一个人。来者的衣着与这家咖啡店的档次和氛围都极不协调。

一看就是个穷人。他坐下来，看看墙上，然后说："墙上的一杯咖啡。"服务生以惯有的姿态恭敬地给他端上咖啡。

那人喝完咖啡没结账就走了。我们惊奇地看着这一切，只见服务生从墙上揭下一张纸，扔进了纸篓。此时，真相大白，当地居民对穷人的尊重让我们感动。

咖啡并不是生活的必需品，但需要指出的是，当我们享受任何美好的东西时，也许我们都应该想到别人，有些人也喜欢这样的东西，却无力支付。

再说说那位服务生，他在为那个穷人服务时一直面带笑容。而那位穷人，他进来时无须不顾尊严，讨要一杯咖啡，他只需看墙上。

我记住了那面墙，它反映了小镇居民的慷慨，和他们对别人的关爱。

◎ 小视野

志愿者之城

在深圳的大街上，随处可见穿着红色马甲的人们，据统计，2019 年拥有这样的"红马甲"的人在深圳有大约 165 万，占常住人口总数的比例为 13%，他们都有个共同的特殊身份——志愿者。

这些志愿者来自深圳的各行各业，他们秉承着"助人自助""送人玫瑰，手有余香"的理念自愿服务城市，传播文明，他们的身影活跃在深圳市的各个角落——当一位患者走进深圳市人民医院的门诊大厅，如果他对就诊有任何疑惑，只要一左转，就能找到设置于深圳市人民医院中的 U 站，U 站里的红马甲，让患者感受到别样的温情。当一位初来乍到的游客抵达深圳，在深圳宝安机场找不着北的时候，他只要看到 U 站，看到了红色马甲，即使对深圳完全陌生，也不会因为这份陌生感到无助……

据统计，截至 2019 年，深圳市平均每年开展超过 12 万场次的志愿服务活动，服务覆盖影响人数超过 1000 万。

第六课
最可爱的人

同学们，每个时代都有着最可爱的人，你心目中最可爱的认识谁呢？是救死扶伤的白衣天使，是英勇无畏的解放军战士，还是奋力救火的消防队员？

千里走单骑

正月初八，一辆从四川成都出发连夜"狂奔"1300公里的小汽车，从成都高速出口驶出，一路直奔纸坊大街，匆匆驶入武汉市江夏区中医医院。

车上下来一个男人，他叫黄维，今年37岁，是2个孩子的父亲。家住四川成都，是乐山市沙湾区人民医院放射科的一名工作医生，从事医学影像工作。

新型冠状病毒感染的肺炎疫情发生后，黄维得知疫情一线医护人员紧缺，每天通过电视、新闻、微信群等渠道，密切关注各医院求援情况。2020 年 1 月 30 日，他在医学影像交流群里看到了"武汉市江夏区中医医院急需医学影像工作人员援助"的信息，便主动向信息发布人了解情况。

1 月 25 日，得知武汉市江夏区中医医院被确定为新型冠状病毒感染疫情发热定点收治医院，全体医护人员高负荷运转后，黄维当即决定前往武汉支援。当晚，他把自己的想法跟家里人说，儿子表示强烈反对。为了给孩子树立榜样，黄维问："你希望爸爸做一个迎难而上的人，还是做一个懦夫？"

在经过家人同意后，他立即向医院提出了"请战"要求，院方表示非常支持。临行前，黄维给妻子留下了一封手写信，"钟老爷子（钟南山）84 岁依然去往前线，我那么年轻，有什么理由不去？有你和两个儿子的支持，我浑身充满力量。在您感冒的时候，没有给你拿药，内心无比愧疚，我一定会照顾好自己，安全回来，保重！"

1月31日，武汉市江夏区中医医院副院长韩劲松与黄维取得联系，反复沟通援助事宜，并火速为其办理了武汉通行手续。当晚7点，他孤身一人，随身携带几大包尿不湿，为了节约时间，尽快赶到武汉，连夜踏上了长达1300公里的"逆行"路程。一路途径安岳、遂宁、广安、重庆、恩施、宜昌等城市，于2月1日下午1点，顺利安全抵达武汉市江夏区中医医院。

"此次疫情，不是武汉一个城市的战斗，是需要全国人民团结起来才能打赢的战斗！不管有多难，我将与你们一同面对！加油！武汉！"黄维说。

◎ 圆桌派

1. 你认为黄维医生是最可爱的人吗？

_____

_____

_____

2. 你从黄维医生身上看到了哪些美好的品质？

_____

_____

_____

3. 你心里最可爱的人还有谁呢？为什么？

_____

_____

_____

◎ 活动坊

活动1：读一读，连一连

春蚕到死丝方尽，蜡炬成灰泪始干。

——《己亥杂诗》龚自珍

落红不是无情物，化作春泥更护花。

——《无题》李商隐

采得百花成蜜后，为谁辛苦为谁甜。

——《自嘲》鲁迅

横眉冷对千夫指，俯首甘为孺子牛。

——《蜂》罗隐

活动2：找一找，画一画

寻找最可爱的人

你生活的周围，有许多默默奉献的人、友爱互助的人、勇敢担当的人……用你善于观察的眼睛，拿出美丽的画笔，画出你心中最可爱的人。

拓展营

请你阅读下面的材料，谈一谈人民英雄纪念碑的意义。

人民英雄纪念碑

位于北京天安门广场中心，通高 37.94 米，正面（北面）碑心是一整块花岗岩，长 14.7 米、宽 2.9 米、厚 1 米、重 60.23 吨，镌刻着毛泽东 1955 年 6 月 9 日亲自题写的"人民英雄永垂不朽"八个金箔大字。这篇纪念碑的碑文，是毛泽东在全国政协第一届全体会议上起草的，然后由周恩来亲笔书写的。前后共写了 40 多遍，最后挑选了自己最满意的一篇。纪念碑上刻着三个永垂不朽："三年以来，在人民解放战争和人民革命中牺牲的人民英雄们永垂不朽！三十年以来，在人民解放战争和人民革命中牺牲的人民英雄们永垂不朽！由此上溯到一千八百四十年，从那时起，为了反对内外敌人，争取民族独立和人民自由幸福，在历次斗争中牺牲的人民英雄们永垂不朽！"正是因为有了这些英雄前赴后继的牺牲，用他们鲜血铸就伟大的中华，才创造了我们现在宁静美好的生活，这些英雄都是我们心中最可爱的人。

◎ 小视野

火海中的英雄——第五大队

"8·12天津滨海新区爆炸事故"是一起发生在天津市滨海新区的重大安全事故。2015年8月12日23:30左右，位于天津市滨海新区天津港的瑞海公司危险品仓库发生火灾爆炸事故，造成165人遇难（其中参与救援处置的公安现役消防人员24人、天津港消防人员75人、公安民警11人，事故企业、周边企业员工和居民55人）、8人失踪（其中天津消防人员5人，周边企业员工、天津港消防人员家属3人），798人受伤（伤情重及较重的伤员58人、轻伤员740人），304幢建筑物、12428辆商品汽车、7533个集装箱受损。

天津港消防支队第五大队是天津港六支"非公安消防编制"的消防队之一。天津爆炸当天，他们作为第一批消防队员赶赴火灾，出警25人，无一人归来，此次爆炸是新中国成立以来，消防队员伤亡最为惨重的事件，逆行的背景是他们永远的模样。

第五大队消防员胡乐本可以躲过这场灾难，但在休假还未结束的他就吵着要回队里，他说"最近队里忙，缺人，我必须归队。"没有人想到，等待他的，是轰然摧毁上百人性命的大爆炸。只见胡乐身穿消防服，身材瘦削，站在巨大的火场前，高高举着水枪，集装箱的火舌近得可以灼到他的脸，但他没有后退一步，渐渐地消逝在火海中。第五大队宿舍里是整整齐齐的被褥和接连不断的电话铃，可是却再也没有接通过……

对于消防队员，警铃就是前进的冲锋号；穿上那身防火服，就是用血肉做出的承诺；扛起水枪，便不能再退缩。褪去了孩子的稚嫩，放下对爱人的惦念，面对危机，他们只有一个名字：消防员！他们用生命坚守着自己的誓言。

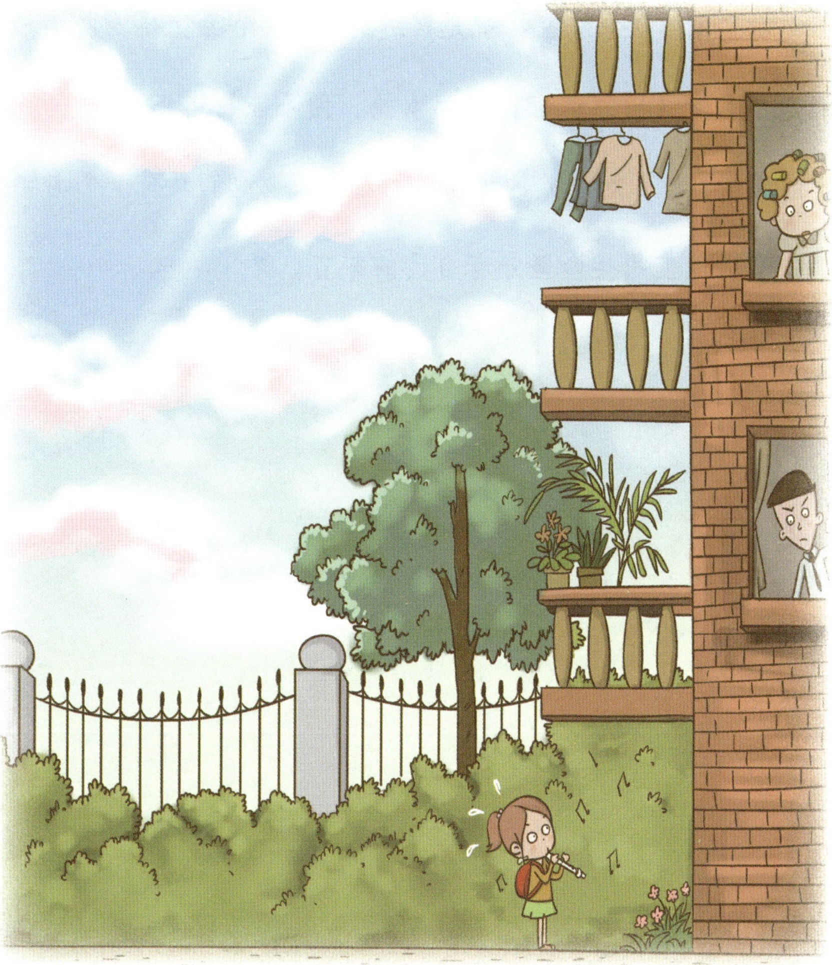

综合活动（二）

在人生这段旅程中，每个人都会遇到欢乐和烦恼。当我们快乐时，与他人分享，快乐会加倍；当我们烦恼时，积极去寻求他人的帮助，烦恼也会很快得到解决。在每个阶段，我们也会遇到不一样的烦恼，当我们用正确的态度去面对，用合理的方式去解决，这些经历也会成为我们宝贵的经验。

活动一：说说你的烦恼

请你在问卷上写下你的烦恼。

班级：	姓名（可匿名）：
烦恼类型	详细说明
家庭关系	
学业	
人际交往	
其他	

活动二： 倾听你的烦恼

第一步：高年级的学生"智囊团"将收集上来的问卷进行分类整理；

第二步："智囊团"根据烦恼类型分成四个组，分别针对四种烦恼类型进行头脑风暴，将解决办法记录下来；

第三步：老师协助高年级学生将烦恼类型以及解决办法制作成PPT。

活动三： 烦恼不可怕

三年级的红红最近在数学学习上遇到了一些问题。随着学习的内容越来越难，红红上课觉得有些困难，总忍不住分心。这次数学模块考试考了85分，红红觉得很难过，很焦虑。一二年级的时候，红红总能考到95分以上。因为成绩退步，妈妈也批评了红红，红红心里很难过。

请在小组讨论，如果你是红红，你会怎么办？

活动四：让我来帮你

请高年级的学长学姐"智囊团"进入教室，针对出现的高频情况进行经验分享。分享过后，低年级的学生可以针对具体的问题进行提问，在老师的协助下，"智囊团"进行解答。

第七课
人类的家园

地球是我们人类与动植物共同的家园，是浩瀚无垠的宇宙中一颗最美丽、最有生机和活力的蓝色星球，是目前宇宙中已知存在生命的唯一天体，为什么地球可以孕育出生命呢？

生命之球

我们的地球，经历了 46 亿年的沧桑巨变，不仅创造了江河湖海、山川沟壑、高原盆地，还滋养和哺育着万千生灵。

最初的地球是一个炽热的火球，主要由岩浆组成。后来地表温度不断下降，固态的地核逐渐形成。密度大的物质向地心沉积，密度小的物质（岩石等）浮于表面，形成了一个表面主要由岩石组成的地球。

地球内部不断向外释放能量，由高温岩浆喷发出了多种气体，包括甲烷、氨气、一氧化碳、二氧化碳等，其中还夹杂着水蒸气。随着时间的推移，越来越多的水蒸气凝结成小水滴，再汇聚成雨水落入地表，在地球低洼处形成了原始的海洋，成为原始生命的诞生地。

大量聚积在地球的外部的气体形成了原始大气圈。原始大气圈是没有氧气的，氧气是因紫外线的强烈照射由水蒸气分离出来的。后来随着地球生物的诞生，在绿色植物光合作用的影响下，使一氧化碳变成二氧化碳，甲烷变成水汽和二氧化碳，氨气变成水汽和氮气，原始大气层的成分逐渐演化，慢慢发展成为现代的大气层，即以氮气和氧气为主。动植物的呼吸、燃烧和一切氧化过程都要消耗空气中的氧气。

大气层中的空气除了供生命呼吸，还有一个重要的作用，就是抵挡太空陨石的撞击。在宇宙中有许许多多飘散的陨石，这些陨石在漂流的过程，很容易撞上某个星球，如果没有大气层的存在，陨石就会直接撞向地表形成坑洞。在地球上，陨石进入大气层的时候会与大气层产生剧烈摩擦，不断燃烧，到达地面的时候基本上就燃烧殆尽了。因此地球表面的大气层使生活在地球上的生物不会时不时被天外飞行砸到了。

地球周围存在着看不见摸不着的磁场。地球周围存在的磁场可以挡住外天空存在着各种太阳风和多种对人类有害的宇宙射线，使人类免受伤害。

随着地球上生命的诞生与进化，地球变成了一个生机勃勃的世界。美丽的山川、蜿蜒的河流、宁静的湖泊、险峻的山峰、辽阔的平原、蔚蓝的大海、浩瀚的沙漠，这些组成了地球的外貌；五彩缤纷的植物和千奇百怪的动物共同构成了地球上形形色色的居民；美丽的地球往往又变幻莫测，地震、火山的爆发展现出它狰狞的一面，这一切都吸引着人类去探索。

◎ 圆桌派

1.小组讨论，说一说原始地球和现在的地球有什么不同？

_____

_____

_____

2.小组讨论，说一说为什么地球可以孕育出生命？

_____

_____

_____

◎ 活动坊

请根据你的理解画一画你眼中的地球。（比如，可以画原始地球、现代地球、地球的演变等）

◎ 拓展营

民著名作家林语堂的散文《关于我们这个行星的美好》，描述了地球上生物多样性的美好。请同学们跟随音乐朗诵表演。

"我真想象不出一个比我们的地球更好的处所。我们这个行星是个很好的行星：

第一，这里有昼和夜的递变，有早晨和黄昏，凉爽的夜间跟在炎热的白昼后边，沉静而晴朗的清晨预示着一个事情忙碌的上午：宇宙间真没有一样东西比此更好。

第二，这里有夏天和冬天的递变；这两节季本身已经是十全十美了，可是还有春天和秋天可以逐渐地把它们引导出来，使它们更加完美：宇宙间真没有一样东西比此更好。

第三，这里有沉静而庄严的树木，在夏天使我们得到树荫，可是在冬天并没有把温暖的阳光遮蔽了去：宇宙间真没有一样东西比此更好。

第四，这里在十二个月的循环中，有盛开的花儿和成熟的果实：宇宙间真没有一样东西比此更好。

第五，这里有多云多雾的日子，也有明朗光亮的日子：宇宙间真没有一样东西比此更好。

第六，这里有春天的骤雨，有夏天的雷雨，秋天的干燥凉爽的清风，也有冬天的白雪：宇宙间真没有一样东西比此更好。

第七，这里有孔雀、鹦鹉、云雀和金丝雀唱着不可摹拟的歌儿：宇宙间真没有一样东西比此更好。

第八，这里有猴子、老虎、熊、骆驼、象、犀牛、鳄鱼、海狮、牛、马、狗、猫、狐狸、松鼠、土拨鼠以及各色各样的奇特动物，其种类之多是我们想象不到的：宇宙间真没有一样东西比此更好。

第九，这里有虹霓鱼、剑鱼、白鳗、鲸鱼、鲦（tiáo）鱼、蛤、鲍鱼、龙虾、小虾、蠼（huò）龟以及各色各样的奇特鱼类，其种类之多是我们想象不到的:宇宙间真没有一样东西比此更好。

第十，这里有雄伟的美洲杉树、喷火的火山、壮丽的山洞、巍峨的山峰、起伏的山脉、恬静的湖沼、蜿蜒的江河和多荫的水涯：宇宙间真没有一样东西比此更好。"

同学们，我们居住的地球，是个很好很好的行星。世界如此奇妙，万物有灵且美。让我们爱护地球，爱护地球上的生物多样性吧！

◎ 小视野

世界地球日（The World Earth Day）即每年的 4 月 22 日，是一个专为世界环境保护而设立的节日，旨在提高民众对于现有环境问题的意识，并动员民众参与到环保运动中，通过绿色低碳生活，改善地球的整体环境。地球日由盖洛德·尼尔森和丹尼斯·海斯于 1970 年发起。现今，地球日的庆祝活动已发展至全球 192 个国家，每年有超过 10 亿人参与其中，已经成为世界上最大的民间环保节日。

20 世纪 90 年代以来，中国社会各界每年 4 月 22 日都要举办"世界地球日"活动。每年中国纪念"世界地球日"，都会确定一个主题。

历年世界地球日主题			
1974 年	只有一个地球	1975 年	人类居住
1976 年	水：生命的重要源泉	1977 年	关注臭氧层破坏、水土流失、土壤退化和滥伐森林
1978 年	没有破坏的发展	1979 年	为了儿童和未来——没有破坏的发展
1980 年	新的 10 年，新的挑战——没有破坏的发展	1981 年	保护地下水和人类食物链；防治有毒化学品污染
1982 年	纪念斯德哥尔摩人类环境会议 10 周年——提高环境意识	1983 年	管理和处置有害废弃物；防治酸雨破坏和提高能源利用率

1984 年	沙漠化	1985 年	青年、人口、环境
1986 年	环境与和平	1987 年	环境与居住
1988 年	保护环境、持续发展、公众参与	1989 年	警惕，全球变暖！
1990 年	儿童与环境	1991 年	气候变化——需要全球合作
1992 年	只有一个地球——一齐关心，共同分享	1993 年	贫穷与环境——摆脱恶性循环
1994 年	一个地球，一个家庭	1995 年	各国人民联合起来，创造更加美好的世界
1996 年	我们的地球、居住地、家园	1997 年	为了地球上的生命
1998 年	为了地球上的生命——拯救我们的海洋	1999 年	拯救地球，就是拯救未来
2000 年	2000 环境千年——行动起来吧！	2001 年	世间万物，生命之网
2002 年	让地球充满生机	2003 年	善待地球，保护环境
2004 年	善待地球，科学发展	2005 年	善待地球——科学发展，构建和谐
2006 年	善待地球——珍惜资源，持续发展	2007 年	善待地球——从节约资源做起
2008 年	善待地球——从身边的小事做起	2009 年	绿色世纪

2010 年	珍惜地球资源，转变发展方式,倡导低碳生活。	2011 年	珍惜地球资源 转变发展方式——倡导低碳生活
2012 年	珍惜地球资源 转变发展方式——推进找矿突破，保障科学发展	2013 年	珍惜地球资源 转变发展方式——促进生态文明 共建美丽中国
2014 年	珍惜地球资源 转变发展方式——节约集约利用国土资源共同保护自然生态空间	2015 年	珍惜地球资源 转变发展方式——提高资源利用效益
2016 年	节约利用资源，倡导绿色简约生活	2017 年	节约集约利用资源，倡导绿色简约生活——讲好我们的地球故事
2018 年	珍惜自然资源 呵护美丽国土——讲好我们的地球故事	2019 年	珍爱美丽地球 守护自然资源
2020 年	珍爱地球 人与自然和谐共生		

第八课
保护生物多样性

自然界拥有丰富的生物物种，它们不仅维持着生态的平衡，更为人类生存提供了良好的环境条件，是人类的宝贵财富。因此，保护生物多样性就是保护人类自己。那关于生物多样性，你了解多少呢？目前，保护生物多样性方面，我们采取了哪些措施，效果如何？

"生物多样性"你知多少？

联合国大会在 2000 年 12 月 20 日通过第 55/201 号决议，宣布将每年的 5 月 22 日定为"国际生物多样性日"，以提高人类对保护生物多样性的理解和认识。

生物多样性是指地球上所有植物、动物、真菌、微生物及其变异体，以及所有生态系统和它们形成的生态过程，是地球生命经过几十亿年发展演化的结果。它包括三个层次：遗传（基因）多样性、物种多样性和生态系统多样性。整个地球生态就像是一张网，每一个物种都和其他物种及身边的环境相互依存。只有当生物多样性足够丰富的时候，生态系统才足够健康。

生物多样性是地球生命经过几十亿年发展进化的结果，是人类赖以生存和持续发展的物质基础。它提供人类所有的食物和木材、纤维、油料、橡胶等重要的工业原料。中医药绝大部分来自生物，截至如今，直接和间接用于医药的生物已超过 3 万种。可以说，保护生物多样性就等于保护了人类文化的多样性，就是保护人类自身。

但人类的发展伴随的环境污染和破坏已经使地球生态系统残缺不全，森林砍伐、竭泽而渔、水体污染、物种灭绝。据统计，现在的物种灭绝速度是自然状态下自然灭绝的 1000 倍，而且全部是因为人类活动而导致的。而物种一旦消失，就不会再生。消失的物种不仅会使人类失去一种自然资源，还会通过生物链引起连锁反应，影响其他物种的生存。

中国是世界上生物多样性最丰富的国家之一，但同时也是生物多样性受威胁最严重的国家之一。以野生动物为例，仅脊椎动物种类就达6500多种，约占全球脊椎动物种类总数的10%，其中大熊猫、朱鹮、金丝猴、华南虎、扬子鳄等470多种陆栖脊椎动物是仅分布于中国的特有物种，也是濒危动物。如果人类不加保护，灭绝的速度会更加快。

2019年5月22日，中国生态环境部部长李干杰在"5·22国际生物多样性日"大会上表示，中国将启动新的《中国生物多样性战略与行动计划》编制工作，编写《中国生物多样性白皮书》和《中国生物多样性红色名录》，构建生物多样性保护监管平台，鼓励企业和社会组织共同参与生物多样性保护工作。

⊚ 圆桌派

1. 为什么说"生物多样性是人类赖以生存和持续发展的物质基础"？

_____

_____

2. 已经灭绝的物种中，你知道有哪些？它们灭绝的原因是什么？

_____

_____

3. 如果哪一天除了人类以外的物种都灭绝了，地球会变成什么样呢？

_____

_____

◎ 活动坊

中国是濒危野生动物分布大国。据不完全统计，仅列入《濒危野生动植物种国际贸易公约》附录的原产于中国的濒危动物有120多种，列入《国家重点保护野生动物名录》的有257种，如大熊猫、华南虎、金丝猴、藏羚羊等。随着经济的持续快速发展和生态环境的日益恶化，中国的濒危动物种类还会增加。

活动1

查阅资料：说一说这四种濒危动物分别分布在哪些地区？目前国家采取了哪些措施保护它们？

活动2

请你为某一种濒危动物画一幅自画像（以上四种除外），并谈谈我们该如何保护它？

拓展营

红树林是分布在热带、亚热带海岸的一种特殊的植物群落，它生长于陆地与海洋交界带的滩涂浅滩，是陆地向海洋过度的特殊生态系统。在距离深圳红树林外国语小学 6 千米左右的地方就有一个美丽的西湾红树林公园，那里有丰富的植物和海洋生物物种，是中小学生开展研学的不错选择。

请以西湾红树林为基地，以班级为单位，平均分组，开展一次认识生物多样性的研学活动。活动结束后，每小组形成不少于 800 字的研学报告。

小物种与大气候

马敬能是一位生物专家，从事生物多样性的宣传和教育工作。他试图用更加通俗的解释使这个概念能够摆脱过于专业的语境束缚，而真正被大众所接受。为此，他做了一个形象的比喻。

"生物资源就如同图书馆一样，如果拥有其他图书馆所不具备的稀有书籍，其价值和重要性不言而喻。也就是说，生物多样性越丰富，物种资料越充分，我们越有机会分析和研究更多的物种，获取更多稀有的物种和生态知识。"

这些知识的重要性，突出体现在情况变化的时候。马敬能以中国的小麦为例，来说明生物多样性对于气候变化的价值所在，"中国之前有许多的稻米品种，因不同的季节、不同的地区而异；有的在高原，有的在悬崖峭壁，有的适宜旱地生长，有的能在极端寒冷的条件下存活。由于气候变化，目前中国有些地区水资源严重缺乏，如果这些有着特殊基因的稻米能够被保存下来，就能解决许多问题。"

多样性的生物资源，对于日益严重的气候变化来说，更像是一种未雨绸缪的安排。一旦突发变化，一些适宜该种环境的物种就会借机生长起来，从而满足人类的需要。

但是，现实情况却是，人们不是因地制宜，来选择种植适合的水稻品种，而是想方设法来改变土地情况，制造暖棚，加化学肥料，改变土地状况，使其适合种植同一种水稻。"久而久之，其他具有特殊品质的水稻就没有了，一旦条件变化，水稻就无法生存。"

这也正是《生物多样性公约》中所强调的，"生物物种越丰富，药物发现、经济发展、有效应对类似气候变化等新挑战的机会就会越大。"

联合国环境规划署就曾指出，保持物种多样性以及生态环境健康具有重要的经济意义。但实际上我们一直在提它的重要性，我们能计算出来这对人类能带来多大的好处，但是没有人得到这个钱，这就是生物多样性保护的尴尬所在。最近开展的一项研究显示，每年仅因毁林和森林退化就会导致 2 万亿到 4.5 万亿美元的损失；另一方面，如果每年对自然保护区投资 450 亿美元用于改善生态系统，由此带来的收益可高达 5 万亿美元。反之，我们也可以计算破坏生物多样性的代价是什么，以此倒推，也能看到其意义和价值所在。"

马敬能认为青海正是由于生物多样性遭受严重破坏而承受了沉痛的代价：青海本该更加湿润，因为大气层上的湿气很充分，应该有更多的降雨来补充黄河的水量，但是现在的情况恰恰相反。"我们现在都在抱怨气候变化，实际上不是，就是由于过度放牧，导致植被毁坏，雨雪稀少，草原荒漠化才日益严重。事实上，如果不是这样，中国根本就不需要启动耗资巨大的南水北调工程。"

的确，如果上述推导成立的话，生物多样性的经济价值是不容置疑的。其实，在许多生产活动中，这种影响表现得更为直接。据马敬能介绍，现在四川的一些地区，人们不得不爬到高大的果树上，手动传播花粉，因为蜜蜂在当地已经绝迹。

"很多时候，一些不起眼的小生物却发挥着巨大的作用，这样的例子不胜枚举。而将此放在整个生态系统的大背景来看的话，作用就更大了，因为物种之间都是相互联系的。"

第九课
关于厕所的那些事

上厕所，是我们每天习以为常的事情。但你们知道吗？一个简简单单的厕所，却是一部人类文明的发展史，每一次厕所的改进，都对社会，对人类产生巨大的变革和进步。

厕所的进化史

早在远古时代，无论男女老少，上厕所的方式都是就地解决，与其他动物没有什么区别。当粪便堆积到无法正常生活，人类就会选择迁徙。所以说，粪便的处理从来都不是一个小问题，它可能还关系到人类的文明。有了固定的厕所，人类才不必为了躲避自己的排泄物而东奔西走，从游牧生活过渡到农耕生活。这也难怪有人会认为，人类的文明并非从文字开始，而是从厕所开始的。

在历史上，是谁首先发明了厕所已经不可考。但几乎每一个文明的厕所起源，都离不开那个原始的土坑。仅仅是一个坑，就已经是人类厕所发展史迈出的第一步了。这预示着人类开始建造厕所，集中地点排便。但是，当堆满粪坑时，人类就会用泥土把坑重新掩埋，易地挖新坑。所以，人们特总是想着把家里的粪坑挖得更深更大。

《左传》中就记载着一位因家里粪坑太大而亡的国君——晋景公姬獳。公元前581年，吃坏肚子的晋景公在如厕时，就不慎失足掉入粪坑。那时的大户人家就是气派，粪坑就是比老百姓家的要深要大。所以头朝下掉入粪坑的晋景公，自然是凶多吉少。直至被粪水淹没死亡，倒霉的他才被手下发现。这也是历史上首位被粪水溺毙的国君了，可谓"遗臭万年"。

西方最早的厕所，出现在公元前3000多年美索不达米亚平原的两河流域文明。人们会在地面挖一个孔洞，孔洞下再放置一个可移动的罐子。这样既防止了粪水四溢，也让清理排泄物变得方便起来。但这与普通的旱厕并没有多大区别，依然简陋。

直到公元前 1500-1700 年，人类的厕所才有了质的飞跃。那时候，最早的水冲坐式厕所出现。水这种天赐的礼物，终于变成了厕所的好伴侣。

在古罗马时期，水冲式坐厕更是流行，已经从达官贵人专用逐步走入百姓生活。一般，厕所会建在剧院、体育馆、浴场等公共场所的附近，座位有十几个以上。这就是最早的公共厕所了。

再到后来工业革命的来临，暴涨的城市人口与肮脏的环境，成了疾病的温床。如厕问题开始让欧洲开始不堪重负。

1831 年，伦敦第一次霍乱大爆发，截至 1832 年整个英国就有 30000 人丧生。在这之后，粪便中的细菌每年夏天都如约而至，带走无数英国绅士的性命。正是在这恶臭环境的熏陶下，现代抽水马桶才应运而生。早在 1596 年英国哈林顿爵士就为当时的国王伊丽莎白一世设计出了世界上第一款抽水马桶。它可以自动储水，并将污物冲走。再到后来，随着城市一体化的排污系统工程的建设，抽水马桶才算是终于迎来了自己的时代，成为公共卫生的象征。

再到如今，越来越多的新式马桶，新式厕所的出现。比如专门给残疾人设置的残障厕所，给孕妇专门设置的母婴厕所，甚至还出现了为了解决一部分特殊对象如厕不便的问题，如女儿协助老父亲，儿子协助老母亲，母亲协助小男孩，父亲协助小女孩等情况而设置的"第三卫生间"。此外，如今很多厕所还专门配备了自动售卖机、wifi 上网、手机充电、室外遮阳伞和咖啡桌椅等温馨服务。在日本，我们甚至还可以看到以"现代化"著称的当代厕所：马桶圈可以加热；附带的洁身器便于事后冲洗。每一次厕所的改进，都是对人类最好的一场关怀。

随着时代的进步，我们可以更加大方自如地"上厕所"，我们不必再遮遮掩掩地羞于谈论此事，厕所俨然成为"人类文明关怀的尺度"，是一个国家综合品质、综合实力、人文素养的重要体现。

⊚ 圆桌派

我们每天的生活离不开厕所，厕所是文明程度的镜子，厕所文明也体现着一个城市乃至一个国家的文明程度。请思考以下问题。

1. 在我们的生活中，我们常常会遇到哪些不文明的如厕行为呢？

———————————————————————

———————————————————————

2. 我们应该如何去规范大家的如厕行为呢？

———————————————————————

———————————————————————

3. 你觉得厕所的发展对人类产生了哪些影响呢？

———————————————————————

———————————————————————

◎ 活动坊

活动1： 想一想

　　同学们，你们是校园里的小主人，美好的校园因你们的参与而变得更加地丰富多彩。最近学校打算更换厕所里的文明标识，请你发动一下小脑筋，为给学校的厕所设计一句文明标语吧！

活动2： 画一画

　　现如今，新式厕所已经走进千家万户，市面上也涌现出了各式各样功能性马桶，深圳作为著名的"设计之都"，你能否发挥你的想象力，给未来的城市，未来的社区，未来的家庭，设计一款环保，卫生的现代化厕所呢？快动起你的小手试试画画看吧！

请你阅读下面这段材料，谈谈你对厕所与健康的看法。

非洲儿童死亡率，盖茨基金会捐厕所

2017 年"世界厕所日"的报告显示，印度如今还有约 7.32 亿人口无厕所可用。作为全球户外解手大户，这随地大小便的陋习，连一些落后的非洲国家都赶不上。

在印度，每十个人死亡就有一个与糟糕的公共卫生有关。世界银行的一项研究发现，由于缺少厕所和其他卫生设施，每年因为卫生相关疾病所导致的生产力丧失，给印度造成了 540 亿美元的损失。细菌占粪便干重的三分之一，一克排泄物就包含有 1000 万个病毒、100 万个细菌。漫山遍野的粪便不但使大量细菌滋生，也引来大量苍蝇在此繁殖。到处飞的苍蝇，再一次将粪便与细菌带到人类住所。此外，只需一场雨，附近的

饮用水源就极有可能被污染。如痢疾、霍乱和伤寒等最大的传染源就是粪便，通过污染手、水、食品和水源等方式传播。

每年，印度都有超有十万名 5 岁以下儿童因腹泻丧生。数百万人受肠道慢性感染困扰，以至于不能更好地吸收营养和药物。2016 年的报告显示，印度就有多达 40% 的 5 岁以下儿童发育不良。而卫生问题就像一个死循环，发育不良、免疫力低的孩童也更易受到疾病的侵害。

◉ 小视野

第 67 届联合国大会 2013 年 7 月 24 日通过决议，将每年的 11 月 19 日设立为"世界厕所日"，该节日由世界厕所组织（WTO）于 2001 年提出，在 2013 年 7 月 24 日确立 。主要是为了凸显穷人面对的环境卫生危机而设立，以推动安全饮用水和基本卫生设施的建设，倡导人人享有清洁、舒适及卫生的环境。希望通过全世界人民的努力，共同改善世界环境卫生问题。

世界厕所日

综合活动（三）

拯救濒危动物

一、濒危动物

濒危动物指由于滥捕、盗猎、栖息地破坏、化学污染、气候变化等原因导致濒临灭绝的动物。

每种动物都是生态系统中的重要一员，通过食物链（食物链指各种生物通过一系列吃与被吃的关系，建立的关系）起到互相依存、互相牵制的作用。一旦食物链遭到破坏，造成生态系统（指在自然界的一定的空间内，生物与环境构成的统一整体）的不稳定，可能最终导致整个生态系统的崩解。

二、中国十大濒危动物

1. 古朴国宝：大熊猫

大熊猫，体色为黑白两色，有圆圆的脸颊，大大的黑眼圈，走起路来呈标志性内八字，爪子如解剖刀般锋利。黑白相间的外表，有利于隐蔽在密林的树上和积雪的地面而不易被天敌发现。生活在海拔2600-3500米的茂密竹林里，那里常年空气稀薄，云雾缭绕，气温低于20℃，有充足的竹子，地形和水源的分布利于该物种建巢藏身和哺育幼仔。大熊猫善于爬树，也爱嬉戏。大熊猫每天除去一半进食的时间，剩下的一半时间多数便是在睡梦中度过。野外大熊猫的寿命为18-20岁，圈养状态下可以超过30岁。与其同时代的古动物剑齿虎、猛犸象、巨貘等均已因冰川的侵袭而灭绝，唯有大熊猫因隐退山谷而遗存下来。现仅分布于中国四川、陕西、甘肃约40个县境内的群山叠翠的竹林中，过着与世无争的隐居生活。大熊猫已在地球上生存了至少800万年，被誉为"活化石"和"中国国宝"。

2. 仰鼻蓝面：金丝猴

毛质柔软，鼻子上翘，群栖高山密林中，以浆果、竹笋、苔藓为食，亦喜食鸟蛋等肉类，栖息地海拔很高，身上的长毛可耐寒。金丝猴具有典型的家庭生活方式，成员之间相互关照，一起觅食、一起玩耍休息。在金丝猴的家中，未成年的小金丝猴有着强烈的好奇心，非常调皮，也倍受父母宠爱，但小公猴成年后就会被爸爸赶出家门，只能自己到野外独立生活。中国金丝猴包括川、滇、黔三种，为中国特有的珍贵动物。

3. 长江奇兽：白鳍豚

白鳍豚为中国长江中下游的特有水兽，是中国特有的一种小型淡水鲸，主要生活在长江中下游及与其连通的洞庭湖、鄱阳湖、钱塘江等水域中，通常成对或10余头在一起，喜在水深流急处活动，善潜水。常在晨昏时游向岸边浅水处进行捕食。呼吸时，头部先出水，然后全部露出水面，在水面游动2米后，再入水中。分布狭窄，比大熊猫更古老、更稀少。白鳍豚体态娇美、皮肤滑腻、长吻似剑、身呈纺锤。眼小如豆、耳小像针，上下颌密布小牙130多颗，头顶左上方有一圆形鼻孔，每隔20秒出水换一次气，虽然视听能力欠佳，但其声纳系统发对超声波的回声定位能力可使它与在十几公里外的同伴取得联系。

4.中华之魂：华南虎

华南虎仅在中国分布，亦称"中国虎"，头圆，耳短，四肢粗大有力，尾较长，胸腹部杂有较多的乳白色，全身橙黄色并布满黑色横纹。毛皮上有既短又窄的条纹，条纹的间距较孟加拉虎、西伯利亚虎的大，体侧还常出现菱形纹，在亚种老虎中体型较小。华南虎以草食性动物野猪、鹿、狍等为食，是中国的十大濒危动物之一、国家一级保护动物。

5.东方之珠：朱鹮

要问中国最珍稀的鸟是什么，那朱鹮应当名列前茅。这种被动物学家誉为"东方明珠"的美丽涉禽是一种人们一度认为已经灭绝的鸟类，它们原是东亚地区的特产鸟类，仅在中国、朝鲜、日本及俄罗斯有分布，但二十世纪六十年代后都失去了踪影。难道朱鹮真的消失了吗？七十年代后期，中国鸟类学家开始寻找朱鹮，1981 年终于在陕西洋县姚家沟发现 2 窝共 7 只朱鹮，轰动了世界。后经人工繁殖，种群数量已达到 7000 余只（2021 年）。

6. 堪称国鸟：褐马鸡

褐马鸡是一种产于中国山西庞泉沟、河北小五台山及北京门头沟的珍禽，因耳部由两个雪白的耳羽，好似长角，或有人称之为角鸡或耳鸡。尾羽上翘后，披散垂下，如同马尾，故名马鸡，褐马鸡为国际自然保护联盟 IUCN 红皮书"濒危"级，国家一级保护动物。

7. 孑遗物种：扬子鳄

扬子鳄是中国唯一的鳄种。全球鳄鱼共有 25 种，中国只有湾鳄和扬子鳄。但是作为体型最大的鳄（10 米长），湾鳄早已在几百年前灭绝了，而扬子鳄现为我国特有，也是从远古北方仅存的唯一分布在温带的孑遗种类。

8.高原神鸟：黑颈鹤

黑颈鹤是世界上唯一一种高原鹤类，是藏族人民心目中神圣的大鸟，也是世界十五鹤中被最晚记录到的一种鹤，它是俄国探险家普热尔瓦尔斯基于1876年在中国青海湖发现的。黑颈鹤夏季在西藏繁殖，冬季迁至云贵越冬，少数还飞越喜马拉雅山至不丹越冬。

9.雪域喋血：藏羚羊

藏羚羊，近年极受世人瞩目，主要原因是由于1980年以来西方时装界对"藏羚绒披肩"即"沙图什"的消费需求而刺激了偷猎者的谋财害命，另外，一些采金者也在对其肆意杀戮，致使生活在生命极限的高寒地区的藏羚羊正以一年近万只的速度减少。为打击盗猎，这几年青海、新疆、西藏的反盗猎力量林业公安一直在为保卫藏羚羊等野生动物而战斗，其中的佼佼者即"野牦牛队",他们已经有两位英雄为此献身。

10. 失而复得：四不像

"四不像"为麋鹿的俗名，它是中国特有的湿地鹿类，曾于1900年在中国本土灭绝的，幸有少量存于欧洲，经过一个世纪的养护，种群才得以恢复。麋鹿是湿地动物，由于对湿地生境的适应，而形成特殊的形态，即所谓的"四不像"，角似鹿非鹿、脸似马非马、蹄似牛非牛、尾似驴非驴。麋鹿，为国家一级保护动物，国际自然保护联盟IUCN红皮书极危级。

三、研究价值及注意事项

濒危动物是科学研究的试验材料，在动物学、进化学、生态学、遗传学、现代医学、仿生学等学科领域里发挥着重要作用。科研院所、大专院校、动物园以及博物馆收藏、陈列或展出濒危动物的标本，对科研教学、宣传教育、执法活动等发挥了重要作用。

保护野生动物种群是保护濒危动物的关键；栖息地的保护是保护濒危动物的重点工作，国已经建立了保护野生动物的自然保护区 100 多处；采取人工繁殖和饲养的方法保护很难在自然状态条件下繁衍的濒危动物；加强保护濒危动物的立法并加强管理是保护濒危动物的有力措施。

四、探究活动

请查找资料，以小组为单位，设计一张海报：介绍一种你们最感兴趣的濒危动物及人类为保护它们做出的努力。

第十课
人类会被机器人代替吗？

2017 年 5 月，在中国乌镇围棋峰会上，机器人 AlphaGo 与排名世界第一的世界围棋冠军柯洁对战，结果 AlphaGo 以 3 比 0 的总比分获胜。人们这才惊讶地发现 AlphaGo 围棋的棋力已经超过人类职业围棋顶尖水平。世界上还有很多类型的工作也逐渐被机器人代替，出现了扫地机器人、无人驾驶飞机等，这是否预示这机器人会慢慢取代人类呢？

机器人走进人类生活

机器人诞生的历史并不长。1954 年，美国电子学家德沃尔获得了一项"可编程序机械手"的专利，这是一种像人手臂的机械手，它能够按程序进行工作。而程序则可以根据不同工作需要来编制。美国人英格伯格想到，如果能制造出这种机器，就可像人一样干活，从事简单的重复劳动。于是，在 1958 年，英格伯格和德沃尔联手制造出第一台工业机器人，并很快得到了应用。

随后，他们成立了世界上第一家机器人制造工厂——尤尼梅逊公司，并将第一批机器人称为"尤尼梅特"，意思是"万能自动"，英格伯格和德沃尔因此被称为"工业机器人之父"。

"尤尼梅特"的外形不太像人，倒有点像坦克炮塔。它的基座上有一个大机械臂，大臂可绕轴在基座上转动，大臂上又伸出一个小机械臂，可以伸出或缩回。这个机器人的功能和人的手臂功能相似。

以后的数十年，机器人技术的发展突飞猛进，大致经历了三个时代。第一代机器人是简单个体机器人；第二代是群体劳动机器人，它们出现在二十世纪七十年代；第三代是类似人形的智能机器人，如机器人女秘书"韦莱利"、会弹钢琴的机器人"瓦伯特"2号等，它们的未来发展方向是有知觉、有思维，并能与人对话。

1985 年，世界著名的筑波博览会在日本举行。美国研制的世界第一台两足步行机器人成了大会的焦点。

二十世纪九十年代末，日本科学家率先研制出第一台类人型步行机器人样机。2000 年 11 月，日本又开发成功可模仿一岁婴儿行走的机器人"皮诺"。它全身有二十六个关节，脚心装有一个传感器，可测量重心；眼睛可分辨红、蓝、黄等颜色，可自测距离；能挥手，并能蹒跚行走。

与此同时，中国第一台类人型机器人终于在国防科技大学实验室站起来，走起来。这台机器人具有和人相似的身躯、脖子、头部、眼睛、双臂与双足，而且还具备了一定的语言功能，其行走频率为每秒两步，动态步行快速自如，并能在小偏差、不确定环境中行走。

机器人虽然忠实可靠，工作严谨，有许多优于人的地方，但是，它们也容易犯错误。关于机器人的笑话，一直就没有间断过。

在一家汽车制造厂里，因为管理人员给机器人输入了错误的指令，而机器人又不能判断指令是否正确。结果，一千多辆汽车的门被机器人给焊死了。再比如，机器人踢足球赛，由于电脑出了毛病，竟然自摆乌龙，将球踢进自家大门。

当然，这些小插曲不会妨碍机器人的高速发展。目前，机器人技术已达到"上天入地"的水平，但它们现在仍然不能脱离人，自行独立工作。人们希望有一天它们能够完全模仿人类的智能，在任何环境条件下都能独立思考、独立工作。

1.同学们，你们知道在日常生活中有什么工作已经被机器人替代了呢？

_____

_____

2.如果你是机器人设计师，你希望制造出有什么功能的机器人呢？

_____

_____

3. 如果出现一个可以完全模仿人类的智能机器人，人类要如何与它和谐相处？

_____

_____

◎ 活动坊

活动1：试一试

我是小画家

利用1张白纸，画出你心中未来的科技世界。

◎ 拓展营

拓展1：演一演

同学们，请你们设计一些生活场景，并把这个场景演下来，比如说完全依赖机器人，我们人类会怎样生活的呢？

情景一：从你开始起床之后，你会进行怎样的洗漱？

情景二：你购物的方式又会发生怎样的变化呢？

请同学们看一看《我，机器人》，该影片讲述了人和机器之间相处，人类自身是否值得信赖的故事。思考，如果有一天，机器人慢慢地取代了人类的地位，我们人类应该怎么做呢？

◎ 小视野

未来机器人是否会取代人类

首先，机器人的研发并不是为了取代人，机器人也不可能取代人，当然机器人的出现能够代替人类完成一些工作内容，而且随着机器人的不断发展，很多传统岗位的工作未来都有望采用机器人来完成，这样不仅会推动人类工作岗位的升级，同时也会在一定程度上提升社会生产力。从科技发展的角度来看，机器人未来的应用前景还是非常广阔的，智能机器人的落地应用也是科技发展的一种必然。

之所以说机器人不能取代人，有以下几个方面的原因：

第一，当前的技术体系还远远做不到。当前人工智能的技术体系依然以"合理性"为基础，这种合理性主要依赖于算法、数据和算力来支撑，所以从技术体系结构上来看，人工智能的"智能"依然具有非常大的局限性。从人工智能技术体系的发展历程来看，要想获得突破依然存在很大的困难，未来很长一段时间，人工智能将依然处在"弱人工智能时代"。

第二，人工智能依然缺乏创造性。人工智能产品目前最常见的应用就是通过机器学习（深度学习）来完成各种决策，而机器学习自身的局限性就导致了人工智能决策的过程很难具有创造能力，这也是目前困扰人工智能领域发展的一个重要问题。

第三，人工智能无法理解情感。目前对于人工智能的定义，可以用一句话来概括，那就是"智商偏科、情商为零"。相对于智商来说，情商对于人工智能来说还是太难了，而且目前的技术体系也很难做出有情感的机器人。

第十一课
非物质文化遗产

2009 年 9 月，联合国教科文组织正式审议并批准中国端午节列入世界非物质文化遗产名录，端午节成为中国首个入选世界非物质文化遗产的节日。其实，非物质文化遗产的表现形式很丰富，除了节庆活动，还包括了口头传统、表演艺术、传统知识技艺等等。每个国家或地区都有自己独具特色的非物质文化遗产，它们不仅是一个国家和民族历史文化成就的重要标志，也是世界文化多样性的体现，是人类共同的文化财富。让我们一起走近非物质文化遗产吧！

中国非物质文化遗产

提到历史文化遗产，你的脑海当中会浮现出什么呢？你可能会联想到中国的万里长城、故宫、秦兵马俑、敦煌莫高窟，又或者埃及金字塔、古巴比伦空中花园。这些都是世界著名的文化遗产，有些同学还去这些地方旅游过呢。但是，文化遗产不仅限于这些静态的名胜古迹或文物专藏，它还包括从我们祖先那里继承下来并传给我们后代的文化传统，即"活态"表现形式，如口头传统、表演艺术、社会实践、仪式和节庆活动，有关自然界和宇宙的知识和实践，以及制作传统手工艺的知识和技能。这些表现形式往往是无形的，没有具体的物质形态，因此被称作非物质文化遗产。

2003 年 10 月，联合国科教文组织第 32 届全体大会通过了《保护非物质文化遗产公约》，非物质文化遗产的保护和传承受到了越来越多的关注和重视。截至 2018 年，中国入选联合国科教文组织非物质文化遗产名录的项目有 40 个，包括昆曲、古琴艺术、京剧、粤剧、侗族大歌、西安鼓乐、蒙古族长调民歌、格萨尔、传统桑蚕丝织技艺、中国书法、皮影戏、剪纸、珠算、雕版印刷技艺、宣纸传统制作技艺、南京云锦织造技艺、中医针灸、藏医药浴法、二十四节气等等。

我们所熟知的长城、故宫、秦兵马俑是静态的物质文化遗产。它们不言不语，隔着历史时空与我们默默相望。而非物质文化遗产则是鲜活的，可以以口耳相传、师徒相授等方式代代相传。在我国青藏高原便有一部至今已流传千百年的活史诗——《格萨尔》。它讲述了"雄狮大王"格萨尔征战八方、降妖伏魔的传奇经历。为什么说《格萨尔》是活的史诗呢？因为千百年至今，它依然以口头说唱的形式在民间流传，这些传唱者绝大多数是文盲，却具有超常的记忆力和叙事创造力，通常的史诗说唱达到几万行乃至几十万行。并且说唱的篇幅、内容仍在变化中，并未完全固定化，是世界上唯一一部至今还在创作的史诗。《格萨尔》涵盖了古代藏族的宗教信仰、地理历史、民风民俗，堪称一部解析西藏的"百科全书"。它的影响范围也非常广，不仅在青藏高原的藏、蒙、土、裕固、纳西等民族中流传，还流传到了境外的蒙古国、俄罗斯的布里亚特、克尔梅克地区以及喜马拉雅山以南的印度、巴基斯坦、尼泊尔、不丹等国家和周边地区。

除了口头说唱、表演艺术，非物质文化遗产还包括传统的制作技艺。技艺是无形的，创造出来的作品是有形的。安徽的宣纸制作技艺迄今已有一千五百多年的历史。宣纸产地在安徽泾县，主要原料是青檀树皮和沙田稻草，还要加入杨桃藤茎等植物汁液制作的"纸药"。宣纸制作要经过浸泡、灰腌、蒸煮、洗净、漂白、打浆、水捞、加胶、贴烘等十八道工序，这十八道工序包含了一百多道操作过程。从原料选取到宣纸制成，生产周期长达两年，其工艺的复杂程度堪称手工纸制作工艺之最。制作完成的宣纸质地纯白细密，纹理清晰，绵软坚韧，百折不损，吸水润墨，宜书宜画，防腐防蛀，故有"纸寿千年"、"纸中之王"的美称。如果说宣纸是中国传统手工纸品最杰出的代表，那么南京云锦织造技艺则代表了中国织锦技艺的最高水平。南京云锦织造技艺将"通经断纬"等核心技术运用在构造复杂的大型织机上，有上下两人手工操作，用蚕丝线、黄金线和孔雀羽线等材料织出华贵织物，如龙袍。如今，因灿若云霞而得名的南京云锦，依然作为中国传统织造技艺的经典，用于高端织物的织造。

中国作为一个幅员辽阔、历史悠久的多民族国家，遗留下来的非物质文化遗产还有很多。它们是劳动人民智慧的结晶，是文化的传承，也是一份厚重的家国情怀。任凭岁月更迭，我们应当不忘薪火相传。

◎ 圆桌派

1. 什么是非物质文化遗产呢？

_____

_____

_____

2. 你都知道哪些非物质文化遗产？

_____

_____

_____

3. 为什么要保护非物质文化遗产呢？

_____

_____

_____

◎ 活动坊

　　中国剪纸是用剪刀或刻刀在纸上剪刻花纹，用于装点生活或配合其他民俗活动的一种民间艺术。所在地区不同，剪纸所体现的文化特点也不尽相同。目前已经有扬州剪纸、广东剪纸、傣族剪纸、医巫闾山满族剪纸、蔚县剪纸被列入国家非物质文化遗产名录。你都了解哪些和剪纸相关文化呢？试着剪出一副剪纸作品吧！

◎ 拓展营

　　每个国家或地区都有自己独具特色的非物质文化遗产，例如阿根廷的探戈，秘鲁的剪刀舞，墨西哥的土著亡灵节。比利时的班什狂欢节，日本的歌舞伎等等。请你查阅资料，了解一个世界上其他国家著名的非物质文化遗产。

意大利：西西里木偶剧

西西里木偶剧是十九世纪初在意大利西西里岛产生的一种牵线木偶戏。木偶用木头、铁、纺织品等材料制作。经过雕刻、着色等繁复制作过程，制作出来的木偶非常精美，木偶人的面表情被高度夸张，有很强的舞台表现力。在舞台上木偶一般用金属线牵动操作，人物对白由木偶操纵者即兴发挥。木偶戏的演出剧目多为宏伟的史诗、历史事件、英雄的传奇故事。

日本：秋保的插秧舞

秋保的插秧舞自十七世纪末就在该地区的社团中表演，以此祈求当年的丰收。如今已经演变成了一种文化和审美的事项，在节日、祭祀活动中演出。十位女性舞蹈者穿着色彩丰富的和服，头戴花形头饰，在两至四名男性舞蹈者的辅助下，表演六到十个舞蹈。她们手持扇或铃，排列成一至两行，然后表演水稻种植的姿势动作，特别是把秧苗移植到大片稻田里的插秧动作。

乌干达：树皮衣制作

树皮衣制造是居住在乌干达南部巴干达王国的巴干达人的一项古老工艺。手工艺人在湿润的季节采集木图巴树的内层树皮，然后使用不同类型的木槌敲打，使其变得柔软并保持较好的韧性。制作后的树皮会呈现陶土色，平民百姓穿的就是这个颜色。而国王和部落酋长的树皮衣会被染成白色或黑色，并以不同的方式穿着以显示其地位。这种衣服主要在加冕礼和治疗仪式、葬礼和文化集会上穿着，同时也可做门帘、蚊帐、被褥和储藏袋。

资料来源：中国非物质文化遗产网

第十二课
闲暇时光可定终身

闲暇是人生的精华。很多人的成功，正是把闲暇的时间利用起来的结果。普普通通的牙科医生余华，利用闲暇之余写作，转身成为著名作家；中学教师吴雪岚在教书之余，出版并担任《甄嬛传》编剧；演员、歌手林志颖，在工作之余也成就着自己赛车手最初的梦想……那些看起来无关紧要、无足轻重的闲暇时间，被一个个有心的人捡拾起来，日积月累，就成了人生一笔笔宝贵的财富。

你的生命如此多彩

影视剧高产作家排行榜里，除了金庸、古龙和琼瑶，恐怕就数海岩的作品最深入人心了。《便衣警察》《永不瞑目》《玉观音》《拿什么拯救你，我的爱人》等一系列作品，将你所不曾察觉的黑暗面解剖出来，让人于笑泪中体验生命的脆弱和生活的残酷。

一个人能够在一个方面做到这么出色，以作家编剧的身份闻名于世，已经很了不起了。但他的身份不仅仅如此，他曾任北京市公安局、公安部干部，上海新锦江大酒店总经理，昆仑饭店总经理，亚洲大酒店总经理。现任锦江国际集团董事、高级副总裁，锦江国际集团北方公司董事长、总经理，昆仑饭店董事长。兼任中国旅游协会副会长，中国旅游饭店业协会会长，中国国家酒店星级评定委员会副主任，北京第二外国语学院硕士生导师……

是的，我们没有看错，其实海岩的正职是商人，写作只是业余爱好。传说他每天晚上都会写作到凌晨3点，每天的睡眠时间仅有3个多小时。海岩曾经这样总结自己：一流的室内设计师，二流的酒店管理者，三流的作家，四流的编剧。

海岩说写小说是他的一时兴起，起因是看了几本在书摊上买的烂书，发现烂得连我自己写写也不会比它更烂，于是贸然动笔。想我虽无学历但有几分阅历，比如"四五运动"被派到天安门当便衣那一段可写一本《便衣警察》；唐山大地震当天即赴唐救灾的经验，可体会一次《死于青春》；帮电影乐团找意大利小提琴的经历，可演绎出《那一场风花雪月的事》；这些年混迹商界，心变冷了反倒更有《你的生命如此多情》之类的感慨。

酒店管理工作占据了海岩绝大多数精力，他把余下的时间留给了写作和收藏。这样一个复杂的现实圈子让他对人和人生有了判断和认识，所以，"哪怕写那些八竿子打不着的人和事，一大堆从未经历过的故事，也不会犯太大的错误"。

"官场、商战应该是我的秘密武器。"对于以后的写作，海岩一直以来都强调自己是生意人而不是作家："但现在写，有身在江湖看不透的感觉。"他创作的《五星饭店》《深牢大狱》《河流如血》已陆续与读者见面，对他而言这是一个丰收的季节，他正期待着读者、观众的又一次感动。

◎ 圆桌派

1. 海岩的多重身份是什么？

_____

_____

_____

2. 你认为他为什么能有这样的成就？

_____

_____

_____

3. 我们应该如何利用闲暇时间丰富人生？

_____

_____

_____

🌀 活动坊

活动1：读一读

1. 闲暇就是为了做一些有益事情的时间。

——富兰克林

2. 人的差异在于业余时间，业余时间生产着人才，也生产着懒汉、酒鬼、牌迷、赌徒。由此不仅使工作业绩有别，也区分出高低优劣的人生境界。

——爱因斯坦

3. 只要我们能善用时间，就永远不愁时间不够用。

——歌德

4. 人最宝贵的是生命。但是仔细分析一下这个生命，可以说最宝贵的是时间。因为生命是由时间构成的，是一小时、一小时、一分钟、一分钟积累起来的。

——柳比歇夫

5. 一个人成就怎样，往往靠他怎样利用他的闲暇时间。他用他的闲暇来打麻将，他就成了个赌徒；你用你的闲暇来做社会服务，你也许成个社会改革者；或者你用你的闲暇去研究历史，你也许成个史学家。你的闲暇往往定你的终身。

——胡适

活动2：做一做

生活中很多人总是埋怨说自己的时间太少，与此同时，却对生活中的点滴时间视而不见。大部分人都是在别人荒废的时间里崭露头角，比如说：鲁迅、爱因斯坦……我们也可以利用闲暇时间多做一些有兴趣、有价值、有意义的事情。比如做家务、参加各类义工活动、进行体育运动、广泛阅读、练习才艺等。

请你制作一份作息时间表，并根据自己的兴趣爱好等，合理的安排自己的闲暇时间。

⊙ 拓展营

从乡村木匠到艺术大师

1864年1月1日，齐白石出生在湖南湘潭杏子坞，小名阿芝。8岁开始入蒙馆读书。齐白石身体羸弱，干不了田里的重活，家里就想让他学一门手艺，以备将来养家糊口。恰巧，齐白石有一位本家叔祖是大器作木匠。大器作木匠，就是专门盖房子，做桌椅板凳和种田工具这类粗活的木匠。

大器作是个苦力活。师傅见他干不动重活，就把他打发回家了。这时，有人说闲话："阿芝哪能学得成手艺？"自尊心很强的齐白石听见后暗下决心，一定要干出个样儿来。

于是，16岁时，齐白石投师到周之美门下，改学雕花木艺。雕花木艺比大器作更加精细。齐白石看着生动的花样子，打心眼里喜欢。他学得很有兴致。转眼三年过去了，从齐白石手里出来的花样子越来越生动精致，刀法运用自如。他还特别将平日里自己所画的花卉果实加到代代相传、一成不变的传统图案中，又根据乡里人喜闻乐见的吉庆词儿勾摹出许多人物故事，创造了许多有意思的新花样，很受人们的喜欢。渐渐地，他成了方圆百里内有了小有名气的"芝木匠"。

20岁那年，齐白石随师傅外出做活时，在一个主顾家里无意间见到了一部乾隆年间翻刻的《芥子园画谱》。《芥子园画谱》也就是当时的绘画教科书。齐白石仔细翻阅之后，发现里面的图画自己也能画，如获至宝，遂把书借回家。夜晚，齐白石不忍睡，伴着油灯，用薄竹纸一幅幅地勾影，如痴如醉。

他将用过的薄竹纸钉在一起，半年过去了，一共攒了16大本。一页页翻看，纸上的花样一点点逐渐生动、活泛起来。从那以后，齐白石做雕花木活，就用画谱作依据，既能花样出新，画法又合规则。这为他的绘画打下了良好基础。

后来，齐白石去到北京，住在法源寺庙内。远离故乡的夜更加难熬。既没有名气，也不被社会接受。平日里卖画刻印，生活过得并不好，再加上那时物价低廉，只可以勉强维持生计。

正在齐白石孤单地飘零在外乡时，他遇到了平生的知己陈师曾。此后，陈师曾应邀去日本参加中日联合绘画展览会，携带齐白石花卉、山水数幅，供展览出售。没想到，齐白石的画一挂出来，便销售一空。不仅如此，法国人也拿了齐白石和陈师曾的画，准备参加巴黎展览会。日本人还专门为他们拍摄了纪录片，在东京艺术院放映，轰动一时。

🌀 小视野

一万小时定律

一万小时定律是作家格拉德威尔在《异类》一书中指出的定律。"人们眼中的天才之所以卓越非凡，并非天资超人一等，而是付出了持续不断的努力。1万小时的锤炼是任何人从平凡变成世界级大师的必要条件。"他将此称为"一万小时定律"。

要成为某个领域的专家，需要 10000 小时，一个人的闲暇时间里，藏着他的未来。

写出《明朝那些事儿》的当年明月，本名石悦。1979 年 10 月出生，湖北宜昌人，参加工作后成为广东省顺德海关的一名公务员。

他 5 岁时开始看历史，《上下五千年》他 11 岁之前读了 7 遍，11 岁后开始看《二十四史》《资治通鉴》，然后是《明实录》《清实录》《明史纪事本末》《明通鉴》《明汇典》和《纲目三编》。他陆陆续续看了 15 年，大概总共看了 6000 多万字的史料，每天都要学习两小时。把这几个时间数字相乘，15 年乘 2 小时再乘以 360 天，等于 10800 个小时。

所以在海关工作的他，才能白天当公务员，晚上化身网络作家，在电脑前码字。

2006 年，石悦在网络上发表历史随笔，创下近 2000 万的点击率，后被出版社发现，将其出版成历史小说《明朝那些事儿》。该书畅销之势迅猛，很快席卷当时国内各大实体书店柜台最显眼的畅销书区域。

截至 2014 年，《明朝那些事儿》累计销量过千万册，创下中国图书销量奇迹，石悦本人则连续 7 届荣登中国作家富豪榜，获总版税高达 4100 万元。

这世上无论是谁，都没有平白无故的成功，也没有一帆风顺的坦荡。再有光芒有成就的人，都是从一件件小事，一天又一天积累起来的。不如从现在开始行动，利用闲暇时间丰富自己的人生。

综合活动（四）

活动一：知识调查

1. 在我国辽阔的土地上，生活着多少个民族？

2. 我国最大的、人口最多的民族是哪个民族？

3. 我国各民族分布的特点是什么？

活动二：节日介绍

请你结合自己的经历或查阅的资料，向同学介绍一个少数民族传统节日，说说这个节日给你印象最深的习俗是什么？并完成下表。

民族	节日名称	产生原因	相应习俗	节日寓意	注意事项

活动三： 小组讨论

蒙古族是一个历史悠久而又富有传奇色彩的民族,过着"逐水草而迁徙"的游牧生活。中国的大部分草原都留下了蒙古族牧民的足迹,因而被誉为"草原骄子"。每年七、八月牲畜肥壮的季节举行"那达慕"大会,这是蒙古族历史悠久的传统节日,是人们为了庆祝丰收而举行的文体娱乐大会。"那达慕"大会上有惊险动人的赛马、摔跤,令人赞赏的射箭,有争强斗胜的棋艺,有引人入胜的歌舞,显示出草原民族独有的特色。他们忌讳吃狗肉,他们不吃鱼虾等海味以及鸡鸭的内脏和肥肉。并且在进蒙古包前,要把马鞭子放在门外,否则,会被视为对主人的不敬。

由于各地区文化的差异,我们经常能发现一些旅客因为不了解或不自觉,而做了很多不尊重当地人的行为。

请小组合作探讨:

1. 你还知道哪些不同的文化差异?

2. 生活环境、文化习俗等的不同，容易导致什么？

2. 我们应该如何处理这样的情况？

活动四：深度探究

我国文学宝库中既有大量反应少数民族生产生活的作品，也有大量少数民族作者的创作。例如《诗经》是我国古代各地区各民族民歌的汇总；《楚辞》中有相当一部分是记录或者整理少数民族仪式歌、民歌的作品；《红楼梦》在一定程度上反映了满族的社会生活……

请你课后查阅资料，了解另一个民族的生活环境，探讨他们是如何产生自己独特的文化、艺术、神话、传说或历史……

生命关怀为本　幸福发展至上

　　帕克·帕尔默在《教学勇气》中强调："教师留在学生内心深处的一定是关怀和爱。学生或许记不住当年你曾教给他的知识，但你刘他的关怀和爱，却让他刻骨铭心。"

　　人渴望被关怀的愿望无处不在，尤其是对于教育活动中的受教育者而言。关怀，本质上是一种关系。它最基本的表现形式是个体与个体、个体与自然之间的一种连接和接触。教育应当从关系入手，好的教育都是从关怀和信任关系的建立开始的。从某种意义上来说，教育者和受教育者之间的关怀关系能否建立将直接影响教育的成效，因为关怀是全部教育过程中的一个至关重要的问题。教育中的师生关系理应是一种充满了关怀和爱的特殊的人际关系。对于学生而言，当受到教师关怀时，他们内心的生命潜能会极大地被激发，使得他们愿意为给予自己关怀和爱的人而努力拼搏、积极向上。对于教师而言，最幸福的事莫过于看到学生对于自己关怀行为的接纳和回应，即自己的教育关怀促进了学生个体生命的成长。

"小学生生命关怀书系"作为全国教育科学"十三五"规划课题"基础教育学校关怀文化培育的实践研究"（课题批准号 FHB180604）的研究成果，以关怀教育为着力点，让个体生命在与他人遇见、连接、理解中不断开放和敞亮自我，重视彼此生命的体验和感受，建立彼此平等、信任、自在的"我—你"关系，让个体生命在"经历"和"体验"中学习关怀的知识以及习得关怀的能力。一个拥有关怀力的个体生命才有可能与他人构建健康的、友善的、温情的、充满了关怀和爱的关系，也才更容易感受到来自他人的关怀和爱。在充满关怀和爱的关系中，个体双方彼此都乐于倾听、乐于了解、乐于分享、乐于共担，继而才有可能获得完整幸福的人生。正如内尔·诺丁斯所说："幸福就是知道有许多人爱我，我也爱许多人。"

"小学生生命关怀书系"总计有六册，每年级一册，既可以作为校本教材使用，也可以作为学生的课外阅读书籍。本书系旨在培养学生的关怀素养和关怀能力，让个体生命在拥有了关怀力后变得"诚实、谦逊、接纳、包容、感恩、充满希望"。本书系根据小学生身心成长特点和教育发展规律，按照六大主题进行编写。

第一册：《我的微笑很灿烂》。本册的主题是微笑。微笑是人类最美的语言，也是全世界的通用语言。不同种族、不同年龄的人都能接收到微笑所表达的善意、鼓励、宽容和期待。一个始终对他人、对世间万物保持微笑的人才有可能以积极、乐观的心态面对人生路上的一切艰难险阻，才能最终获得人生的幸福。通过本册书的学习，学生学会向自己、向他人、向世间万物发出来自心底的微笑，借由微笑释放关怀信号，传递善意，释放爱心和温暖。

第二册：《你的声音很动听》。本册的主题是倾听。歌德认为："对别人述说自己，这是一种天性；认真对待别人向你叙说他自己的事，这是一种教养。"倾听既是一种教养，也是对他人的尊重、理解和支持。通过本册书的学习，培养学生学会倾听自己、倾听他人、倾听世间万物述说的习惯和能力，使学生能够接受来自他人的意见、建议、关注和关爱，并能予以积极友善的回应。

第三册：《我的关怀很温暖》。本册的主题是遇见。一生中，我们会遇见父母、亲人、老师、同学、朋友和世间的万事万物，所有的相遇都会形成一种关系。通过本册书的学习，培养学生感受关怀和爱的能力，鼓励学生用心去感受各种关系中所释放出来的温暖与善意，能心随身到，设身处地与他人、他物共情。

第四册：《你的心意很温馨》。本册的主题是理解。理解是构建个体与个体之间良好关系的关键。多一分理解，就多一分温暖；多一分理解，就多一分感动；多一分理解，就多一分融洽；多一分理解，就多一分美好。通过本册书的学习，使得学生明白理解永远是相互的，在理解他人善意和关怀的同时，打开自己的身心，释放自己的善意与回应，各自的生命状态才会出现积极可喜的变化，个体生命之间才能建立关怀关系。

第五册：《我的成长很快乐》。本册主题是悦纳。成长是个体生命的必经之路，人的成长没有既定的路径图，个体在各自的生命成长中都会体会到不同的快乐、不同的烦恼以及相似的痛苦经历。通过本册书的学习，使得学生可以从他人的成长经历中获得借鉴、汲取经验，从而可以悦纳自我和他人，在悦纳中感悟人生的真谛，在克服困难中不断成长为最好的自己，并享受自我成长的快乐。

第六册：《你的梦想很美丽》。本册主题是憧憬。每个人都拥有对未来的憧憬，可是"未来不是我们要去的地方，而是需要我们去创造的地方"。通过本册书的学习，使得学生不仅能够正确地认识自我、认识世界、认识未来，还能积极地做好身心各方面的准备，主动地去拥抱未来、创造未来。

"小学生生命关怀书系"的编写，得到了很多专家和同人的大力支持。首先，我要感谢中国教育学会常务副会长刘堂江先生、南京师范大学资深教授班华先生、北京师范大学教育学部学术委员会主席檀传宝教授、教育部教育发展中心副主任陈如平研究员、深圳市罗湖教科院附属学校校长李隼博士，感谢他们对本书系的编写给予的大力支持和精心指导；其次，我要感谢黄蓓红、王杰、吴湘梅、范菅媛、王凯莉、何佳华、曹聪、胡禛、杨秋玲、李亚文、饶珊珊、毛婷婷、陈怀超，感谢他们在编写过程中不辞辛劳多方查找资料所付出的辛勤劳动；书中精美的插图是由陈怀超、万逸琳、余启健、黄惠慈所绘，在此一并表示感谢；我还要感谢知识出版社社长姜钦云先生，当我刚有编写这套书的设想时就得到了他的高度认同和鼓励，他还从一个出版人的角度给出了宝贵的专业意见；最后，我特别要感谢檀传宝教授在百忙中为本书系所作的序言，作为国内倡导、研究关怀教育第一人，檀传宝教授不仅帮助我们厘清了关怀教育的真谛，还勉励我们在教育教学实践中努力探索实现真正有效的关怀。

英国著名教育家怀特海认为："教育的目的在于激发和引导学生走上自我发展之路。"而关怀则是激发和引导学生走上自我发展之路的最佳途径之一。沉浸在爱和关怀的氛围中，个体生命的潜能是无限的。我相信，"小学生生命关怀书系"在给学生们的童年生活带来难忘的体验的同时，也将促使他们学会关怀自我，关怀他人，关怀知识，关怀自然和物质世界，在他们个体生命成长过程中留下永恒的记忆。相信他们在今后的人生道路上，只要拥有了关怀力，不论遇到任何艰难险阻，都能保持积极乐观的心态去解决问题，创造属于自己的未来。

李　唯

2021 年 2 月　于深圳